会计教学改革与实践应用研究

李　珂　韩田莉　李筱珂　著

中国原子能出版社

图书在版编目（CIP）数据

会计教学改革与实践应用研究 / 李珂，韩田莉，李
筱珂著． -- 北京：中国原子能出版社，2022.7
　ISBN 978-7-5221-2043-0

　Ⅰ．①会… Ⅱ．①李… ②韩… ③李… Ⅲ．①会计学
－教学研究 Ⅳ．① F230

　中国版本图书馆 CIP 数据核字 (2022) 第 136715 号

会计教学改革与实践应用研究

出版发行	中国原子能出版社（北京市海淀区阜成路 43 号　100048）	
策划编辑	杨晓宇	
责任印刷	赵　明	
印　刷	北京天恒嘉业印刷有限公司	
经　销	全国新华书店	
开　本	787mm×1092mm　　1/16	
印　张	10.5	
字　数	200 千字	
版　次	2022 年 7 月第 1 版	
印　次	2022 年 7 月第 1 次印刷	
标准书号	ISBN 978-7-5221-2043-0　　　　定　价 72.00 元	

网　址：http//www.aep.com.cn　　　E-mail：atomep123@126.com
发行电话：010-68452845　　　　　　版权所有　翻印必究

作者简介

李珂，1991 年生，管理学硕士，注册会计师，河南漯河人，现任郑州工商学院讲师。主持和参与科研项目 10 余项，获奖 2 项，独立发表论文 2 篇，参编图书 2 部。多次荣获郑州工商学院优秀教师、优秀指导教师等荣誉称号，并在郑州工商学院青年教师讲课大赛中获奖。

韩田莉，1989 年生，注册会计师，税务硕士，2017 年硕士毕业于中南财经政法大学，现为郑州工商学院讲师。主持和参与科研项目、教改项目 10 余项。曾获得郑州工商学院中青年讲课大赛一等奖、优秀教师、优秀指导老师等荣誉。主要研究方向：会计理论与实践。

李筱珂，1993 年生，管理学硕士，河南郑州人，现任郑州工商学院讲师，财务管理系专职教师。主持和参与科研、教研项目 8 项、教研项目 5 项，独立发表论文 3 篇。曾获校级青年教师讲课大赛二等奖，荣获优秀班主任、优秀毕业论文指导教师等荣誉称号。

前　言

在我国互联网技术飞速发展的过程中，互联网技术以各种形式更深、更广地介入社会的各个领域。其中互联网技术给会计行业带来的不仅是会计技术的变化，更是会计思维、理念和模式上的变革，使会计业务发生大幅度的变化和重塑。因此，社会对于会计人才的需求也在随之改变，会计教学也应该为了适应互联网时代下的社会需求而做出革新。

本书共五章。第一章为会计教学概述，主要包括三个方面的内容，分别是会计概述、会计教学概述、我国会计教学发展现状。第二章为高校会计教学改革背景，主要介绍了三个方面的内容，分别是"互联网 +"、"互联网 +"与现代教育、"互联网 +"与会计教学。第三章为"互联网 +"时代会计教学改革的必要性与可行性，主要介绍了三个方面的内容，分别是"互联网 +"时代会计教学改革目标、会计教学改革的必要性和会计教学改革的可行性。第四章为"互联网 +"时代会计教学改革路径，主要从教学形式的改革、教学方法的改革和教学资源的改革这三个方面进行探索，以期找到会计教学改革的正确路径。第五章为"互联网 +"时代会计教学改革的实践应用，主要介绍了三个方面的内容，分别是慕课在会计教学改革中的应用研究、微课在会计教学改革中的应用研究和翻转课堂在会计教学改革中的应用研究。

在撰写本书的过程中，李珂、韩田莉、李筱珂每人承担 7 万字。作者得到了许多专家学者的帮助和指导，参考了大量的学术文献，在此对涉及的学者表示真诚的感谢。本书内容系统全面，论述条理清晰、深入浅出，但由于作者水平有限，书中难免会有疏漏之处，希望广大同行批评指正。

目录

绪论

一、研究背景

随着互联网技术的快速发展，人们的生活、工作等都受其影响，在会计教学模式方面也不例外。在"互联网＋"大背景下，会计专业现行的、较为传统的教学模式和培养途径势必会受到各种各样的挑战。由于"互联网＋"的广泛影响，社会对学生的综合性思维要求更高，现代会计教学模式也需要进行变革与创新，以使其能够与现代社会发展相适应。

2015年7月，国务院关于《积极推进"互联网＋"行动的指导意见》出台，明确了"互联网＋"多个领域的重点行动规划和发展思路，"面向'互联网＋'，积极收集各种端口需求，深化互联网领域产教研相结合，加快复合型人才培育"。从中可以很清晰地看出国家的导向需求，具体到会计教学而言，就是要结合"互联网＋"，以改革促发展、育人才，满足时代与社会的需要。

我国以往的会计教学，和其他国家相比是具有鲜明中国教育传统特色的，但教育不能是一成不变的，尤其是新时代来临的关键节点，会计教学必须积极适应潮流，尊重历史客观规律和社会发展规律，使"互联网＋"深度融入到人才培养全过程中去。

很多人都认为"互联网＋"背景下的会计教学改革与实践就是信息技术或数字通信技术在会计专业人才培养中的简单应用，这种观点显然是片面的。在改革与实践过程中，我们不能先入为主、简单粗暴地对互联网与会计教学的结合性质提前下结论，而应该把二者的结合视为新的时代对当前社会会计专业人才培养模式提出的新要求。

当前，会计教学改革与实践的大体思路应该是：坚持以市场为导向的原则，坚持信息化、数字化校园建设，坚持自己的特点或特色，多角度考虑，多方面论证，推进教学形式、教学方法、教学资源的全方位改革，并利用"互联网＋"革新教学模式，切实培养出符合时代要求、社会需要的专业人才。

二、研究方法

任何理论研究的进行都离不开科学的研究方法，采取合适有效的研究方法是理论研究必不可少的手段，对会计教学改革与实践的应用研究也不例外。

（一）历史研究法

历史研究法即运用真实的历史资料记载，按照历史发展的时间顺序，对相关事物的历史事件进行客观理解和论述，进而进行相关的理论性研究。会计的发展历史悠久，随着时间的车轮已经走过了漫长的历程，在互联网高速发展的今天，会计在社会中更是居于重要地位，人们对会计人才有了更高的要求，也促使会计教学进行革新变化。采用历史研究法可以从原点对会计教学进行研究，更加清晰彻底。

（二）文献研究法

文献研究法即指通过搜集、鉴别、整理相关事物的文献，对相关文献进行学习研究而总结出对该事物科学认识的研究方法。在我国，对会计教学、会计人才培养进行研究的文献有许多，我们可以从前人的研究中汲取营养，获得启示；也可以从前人的研究中吸取教训，少走弯路；同时也可以利用前人的研究成果来佐证自己的研究观点；或是从前人的研究中发现错误和问题，提出自己的新观点。会计教学的相关理论研究离不开对文献的研究，在前人的研究基础上进行完善性研究，必将使会计教学改革与实践的理论研究更进一步。

（三）经验总结法

经验总结法即在实践活动中，通过对具体情况进行分析和归纳，使其系统理论化，进而形成经验的一种研究方法。经验研究法主要运用于对会计教学改革与实践的具体内容部分的理论构建，通过对当前会计教学情况进行分析和归纳，总结有效的经验，进而系统化为会计教学改革与实践重要部分。

（四）综合研究法

综合研究法即在研究中，对所用其他研究方法得出的成果进行综合分析，在把握整体概念的基础上，全面整合出新的研究结论，为整体的理论研究服务。会计教学的改革与实践中的各个部分不是孤立存在的，是相互联系、有机结合在一起的一个整体，将各个部分进行详细分析后进行整体分析，有利于对研究的完善和升华。

三、理论创新点

我国对西方教育理论的引进起源于 19 世纪 80 年代。1915 年左右开始大规模引进国外教育理论和研究方法。当时引进的主要是赫尔巴特的传统教育理论、杜威的实用主义教育理论、苏联凯洛夫为代表的新传统教育理论、结构主义教育理论、人本主义教育理论以及后现代流派的相关教育理论。

"他山之石、可以攻玉"，20 世纪教育理论的大模引进，是国家兴办新学、教育强国的先声！但是在 21 世纪，周边环境有了翻天覆地的变化。"互联网 +"时代，一味地"拿来主义"，不仅可能会使教育理论"水土不服"，也可能会使我国教育错过一个百年难遇的发展契机。

近些年，我国政府工作报告里曾多次提到"互联网 +"行动计划，以现代化信息技术为核心的"互联网 +"应用培训模式一时风头无两，教育行业尤其是在线教学行业，迎来了一次改革的外部动力。

有了这个时代大前提，会计教育也就有了活水之源，一些新的规划和方案才会应运而生。近年来，信息科技技术以迅雷不及掩耳之势"蔓延"到各行各业，从前的会计专业学生在学习上遇到数据计算会选用算盘，后来又改为了电子计算器。而现在，有了大型处理器和云计算技术，整个财会行业的信息存储量和交换通达度会站上一个新的阶梯。但是，对于"互联网 +"背景下会计专业人才培养途径的研究还存在着不少空白，因此本书的研究具有重要的现实意义和社会意义。

本书对会计教学改革的背景进行了详细分析，阐明"互联网 +"时代会计教学改革的必要性与可行性，为会计教学改革提供理论依据。同时，本书为会计教学改革提出了具体对策，从教学形式、方法、资源上明确改革路径，具有实用性与可行性，可供各高校借鉴。此外，本书还详细分析了会计教学改革中慕课、微课、翻转课堂的应用，具有创新价值、指导意义。

第一章　会计教学概述

本章为会计教学概述，首先通过介绍会计的产生与发展以及概念与职能来了解会计；其次从会计教学的内容、指导思想、目标和原则四方面对会计教学进行阐述；最后为我国会计教学发展现状，详细介绍了当前我国会计教育的研究成果和发现的问题。

第一节　会计概述

一、会计的产生与发展

（一）会计的产生

会计是随着人类社会生产的发展和经济管理的需要而产生的。生产活动，既能够创造出物质财富，取得一定的劳动成果；同时也必然会发生劳动耗费，包括人力、物力以及财力的耗费。如果劳动成果少于劳动耗费，则生产就会萎缩，社会就会倒退；如果劳动成果等于劳动耗费，则只能进行简单再生产，社会就会停滞不前；如果劳动成果多于劳动耗费，则可以进行扩大再生产，社会就能取得进步。因此，无论在何种社会形态中，人们都必然会关心劳动成果和劳动耗费，并对它们进行比较，以便科学、合理地管理生产活动，提高经济效益。

在对劳动成果和劳动耗费进行比较的过程中，产生了原始的计量、计算、记录行为，最早可以追溯到原始社会的"结绳记事"和"刻契记事"等。这种原始的计量、计算、记录行为中蕴含着会计思想、会计行为的萌芽。当时，只是在生产实践之外附带地把收入、支付日期和数量等信息记载下来，生产尚未社会化，独立的会计职能并未产生，会计在其产生初期还只是"生产职能的附带部分"。也就是说，会计在它产生的初期是生产职能的一个组成部分，是人们在生产活动以外，附带地把劳动成果和劳动耗费以及发生的日期进行计量和记录，当时会计还不是一项独立的工作。随着社会生产的发展，生产规模日益扩大且越加复杂，对劳动成果和劳动耗费仅仅靠附带进行计量、计算和记录，显然满足不了需要。为了适应对劳动成果和劳动耗费的管理要求，会计逐渐从生产职能中分离出来，成为特殊的、独立的职能。可见，会计是为适应生产活动发展的需要而产生的，对生产活动进行科学、合理的管理是其产生的根本动因。

（二）会计的内容

生产活动是会计产生的前提条件。如果没有生产活动的出现，便不会有会计思想、会计行为的产生。但是，这并不意味着生产活动刚一发生，就产生了会计思想、会计行为。考古结果表明：只有当人类的生产活动发展到一定阶段，以至于生产所得能够大体上保障人类生存和繁衍的需要时，人们才会关心劳动成果与劳动耗费的比较。特别是劳动成果有了剩余时，原始的计量、记录行为才具备了产生的条件。会计的发展经历了漫长的过程：从旧石器时代中晚期到奴隶社会这一时期被称为会计的萌芽阶段，也叫会计的原始计量与记录时代。

由此可见，会计并不是在生产活动发生伊始就产生的，而是生产发展到一定程度，劳动成果有了剩余以后，人们开始关心劳动成果和劳动耗费的比较，更关心对剩余劳动成果的管理和分配，需要进行计量、计算和记录，才产生了会计思想，有了会计萌芽。会计是生产活动发展到一定阶段的产物。随着社会生产力的不断发展，会计的核算内容在逐渐拓展，核算方法在不断完善，会计逐渐从生产职能中分离出来，逐渐成为一项记录、计算和考核收支活动的单独工作，并逐渐产生了专门从事这一工作的专职人员。

（三）会计的发展历程

1. 西方会计的发展

大约一万年前，农业结束了人类的采集狩猎生活，人们慢慢定居下来，开始驯化各种动植物，积累财富，并逐渐形成私有财产。公元前 4000 年左右，两河流域的美索不达米亚人在泥版上用楔形文字记录神殿的财物收支、工资支出、现金收入、贷款利息和不动产等多类交易事项，开创了有文字记录的人类会计文明。

公元前 3400 至公元前 3000 年，古城乌鲁克的一块泥版上清楚地记载 37 个月内，收到 29 086 单位的大麦（大约 3800 蒲式耳），并由"库辛"签发。

公元前 3100 年，史上第一个埃及王朝法老王统治了数千平方公里的下尼罗河谷，他们将泥版按照时间顺序插进长杆中，逐渐形成某种意义上的会计账簿。而据马克思考证，在远古的印度公社，已经存在农业记账员，在那里，簿记已经独立为一个公社官员的专职。这种分工节约了时间、劳力和开支。

公元前 1700 年，世界上最早一部成文法典《汉谟拉比法典》记录古巴比伦的经济关系以及刑法民事与商业标准，并认为会计账目不仅是政府征税的依据，也是诉讼的证据。

公元前 4 世纪，雅典已经设立审计法院，并配有在法庭上作证的会计。

1494 年，会计学之父卢卡·帕乔利出版《数学大全》一书，该书第一部分中的第九篇第十一论"计算与记录要论"对复式簿记有相当全面、系统的描述，奠定了西式复式簿记的基础。该书的出版标志着近代会计的开始。

随着美洲大陆的发现和东西方贸易的进行，阿拉伯数字取代了罗马数字，纸张的普遍使用促使复式簿记传遍整个欧洲，后又传遍世界各国，并最终建立了复式簿记的方法体系乃至理论体系。与此同时，会计从特殊的、独立的职能发展成一种职业。在会计的发展史上，一般将帕乔利复式簿记著作的出版和会计职业的出现视为近代会计史中的两个里程碑。

1602 年，荷兰政府为荷兰东印度公司颁发特许状，允许其垄断荷兰国家的远洋贸易经营权 21 年，该公司于 1606 年 9 月 9 日发行世界上第一张面值 150 荷兰盾的股票。股份公司的诞生意味着所有权与经营权的分离，股东对会计信息的需求逐渐加大。

1673 年，法国颁布《商事王令》，规定每一个批发商均应设置反映自己经济业务的账簿，破产时若发现未设置账簿，应视为欺诈破产，以死刑处之。

18 世纪，以蒸汽机为代表的工业革命使生产率得到大幅提高，高利润又吸引大量资本投资建厂，造成恶性竞争。在 1815 年及随后多次的经济危机中，大批工厂纷纷倒闭，英国法院要求倒闭公司必须聘请一名会计师参与清算工作，会计师成为最赚钱的职业，许多没有工作的人都开始学习会计。为了加强对会计师的管理，1854 年世界上第一个会计师协会——爱丁堡特许会计师协会成立，会计的作用获得社会的认可。英国在审计、复式簿记原理与早期成本会计方面的贡献，使它很快成为世界会计发展的中心，这一历史地位一直保持到 19 世纪。

18—19 世纪，德国在会计、审计研究方面也有很大的突破。由于德国在会计、审计理论研究与方法处理应用方面充分体现了西欧大陆国家的特色，因此在世界会计发展史上自成一派，成为"大陆式会计、审计"的创始国，从而与英国及后来的美国分庭抗礼，与"英美式会计、审计"并列成为两大流派。

西方会计的崛起是资本主义经济、产业革命率先在西欧产生和发展的必然结果，其后，它在近代会计发展史上占据支配地位。直至 20 世纪初，伴随着资本主义市场经济发展中心的转移，世界会计发展中心从英国乃至西欧转移到美国。

20 世纪 30 年代的经济危机，让人们发现会计缺乏统一规范的危害，美国于 1933 年和 1934 年分别颁布《证券法》和《证券交易管理法》，并成立证券交易委员会，监管上市公司财务报告程序，规定上市公司的报表必须交由会计师事务所审计，并制定统一的会计原则和报告格式。1938 年，美国会计师协会开始组建正式的会计准则制定机构，系统的会计学理论体系也逐渐建立起来。

随着社会生产力的进一步提高和科学技术的迅猛发展，会计作为一门适应性学科也发生了相应的变化。进入 20 世纪 50 年代，在会计规范进一步深刻发展的同时，为适应现代管理科学的发展，逐渐形成了以全面提高企业经济效益为目的、以决策会计为主要内容的管理会计。1952 年，国际会计师联合会正式采用"管理会计"这一专业术语，标志着会计正式划分为财务会计和管理会计两大领域。随着电子计算机在会计领域的应用，会计的方法和程序发生了巨大变化，扩大了会计信息的范围，提高了会计信息的准确性和及时性。

2. 中国会计的发展

以中国为代表的东方，除了悠久的历史和灿烂的文化以外，会计的发展也异彩纷呈。

会计的萌芽可以追溯到史前社会的"结绳记事""刻符记事""绘图记事"和"书契记录"时代。例如，《周易正义》中记载，"事大，大结其绳；事小，小结其绳，结之多少，随物众寡"，《易·系辞下》中有记载，"上古结绳而治，后世圣人易以书契，百官以治，万民以察"。

公元前 2070 年，大禹在国家建制后，在茅山大会诸侯，汇总稽核他们的功德业绩，奠定了古代财计报告、审查与考核的基础。河南安阳殷墟出土的大量甲骨卜辞中有按时间、地点、种类和数量记录出猎收获的内容，用"卯"和"埋"表示支出，用"毕"和"获"表示收入，这是会计的雏形。

"会计"一词出现，是在我国奴隶社会鼎盛的西周时期。《周礼·天关·司会》中记载："司会掌邦之六典、八法、八册……而听其会计。"而"司会"就是当时"掌国之官府郊野县都之百物财用"的会计机构，主要职责是对财务收支活动进行月计、岁会，考核各官府的政绩。

春秋时期的孔子，提出最早的会计原则"会计当而已矣"，意指会计的收、付、存，要平衡正确无误。

随着人类社会生产的发展和需要，会计得到进一步的发展和完善。自春秋战国到秦朝，《礼记·王制》中所讲的"量入以为出"的"上计"报告制度为统治者继承与演进，"籍书"（也称簿书）开始出现，"入"和"出"也被作为一种记录符号来使用。至汉代，"上计簿"已成为核算国家财政收支的重要会计工具。与此同时，形成"收入""支出"和"结余"为要素的"三柱清册"结算法。

到唐宋时期，中国会计理论与方法得到进一步推进，不仅产生了《元和国计簿》《太和国计簿》《会计录》等具有代表性的会计著作，还创立了四柱清册法，它以"旧管""新收""开除"和"实在"为要素，通过"旧管＋新收＝开除＋实在"这一平衡式定期清算账目，相当于现在的"期初结存＋本期收入＝本期支出＋期末结存"。这种计算法既可检查日常记录的正确性，又可分类汇总日常会计记录，使之起到全面反映经济活动的作用。

明末清初的龙门账，以"来"和"去"作为记账符号，记账规则是"有来必有去，来去必相等"，把全部项目分为"进"（相当于收入）、"缴"（相当于支出）、"存"（相当于资产）和"该"（相当于资本和各项负债）四类，采用"进－缴＝存－该"的平衡式计算盈亏，将"进"和"该"列在总账上方，"缴"和"存"列在总账下方，分别编制"进缴结册"和"存该结册"，两表计算结果相等称为"合龙门"。龙门账的诞生标志着中式簿记由单式记账向复式记账转变。

18世纪中叶，在龙门账的基础上形成了一种比较成熟的复式簿记——"四脚账"，即一切业务都要登记"来账"和"去账"两笔，以反映来龙去脉。账簿分上下两格，垂直书写，上格为"天"，记收，下格为"地"，记付；上下两格所记金额必须相等，称之为"天地合账"。"四柱清册法""龙门账""四脚账"等都是较为科学的会计方法，甚至形成复式簿记的雏形，但在19世纪中叶以前始终没有完备的复式簿记产生。1897年，中国通商银行首先采用借贷复式簿记。1905年蔡锡勇编写的《连环账簿》一书，标志着借贷复式簿记正式传入中国。1918年谢霖在北京创办中国第一家会计师事务所——正则会计师事务所。1925年3月，我国成立历史上第一个会计师公会——上海会计师公会。至20世纪40年代，无论是政府会计还是公司会计的革新都取得了一定进展。

1949年中华人民共和国成立，中国从此发生翻天覆地的变化，中国经济、中国会计进入了一个崭新的发展时期。经过20世纪50年代至60年代的经济恢复与初步发展，中国的会计事业逐步建立和发展起来，并在建设财计组织、统一会计制度、改革与统一会计方法、建立会计方法体系、开展会计理论研究以及会计教育等方面取得了初步成效，为社会主义会计事业进一步发展奠定了基础。

1978 年党的十一届三中全会召开，党和国家把工作重点转移到现代化建设上来，坚定不移地实行改革开放政策，并逐步把经济改革全面推向纵深发展阶段，为全面开展会计改革创造了良好的社会经济环境。1985 年我国颁布《中华人民共和国会计法》，标志着我国会计工作从此进入法制阶段，经过 1993 年、1999 年和 2017 年的修订颁布，我国会计法规建设呈现出历史性进步。

20 世纪 90 年代以来，我国经济发展和改革步入快车道。在 90 年代初，为了规范会计行为并解决我国会计与国际会计的协调、接轨问题，在国务院及财政部的领导下，我国开始着手研究制定会计准则，并于 1992 年 11 月 30 日颁布《企业会计准则》和《企业财务通则》（简称"两则"）。1997 年 5 月 28 日我国颁布《事业单位会计准则》。

进入 21 世纪，我国会计迎来了一个崭新的发展时期。2000 年 6 月 21 日，国务院颁发《企业财务会计报告条例》；2000 年 12 月 29 日，财政部发布《企业会计制度》；2001 年 11 月 27 日，财政部发布《金融企业会计制度》；2004 年 4 月 27 日，财政部发布《小企业会计制度》；2004 年 8 月 18 日，财政部发布《民间非营利组织会计制度》；2006 年 2 月 15 日，财政部发布由 1 项基本会计准则和 38 项具体会计准则组成的企业会计准则体系，2014 年，财政部对 2006 年发布的具体会计准则进行修订，发布修订后的第 2、9、30、33、37 号企业会计准则，同时新发布第 39、40、41 号企业会计准则；2017 年 4 月 28 日，财政部发布《企业会计准则第 42 号——持有待售的非流动资产、处置组和终止经营》，并对第 14、16、22、23、24、37 号企业会计准则进行修订，从而形成由 1 项基本会计准则和 42 项具体会计准则组成的新的企业会计准则体系。新准则体系的全面出台标志着我国财务会计进入了一个与国际会计趋同的新时期。

二、会计的概念和职能

（一）会计的概念

会计有两层意思：一是指会计工作，二是指会计工作人员。会计工作是会计从业人员根据会计相关法律法规、会计准则对本单位的经济活动进行核算和监督的过程。会计工作人员是从事会计工作的专职人员，按照职位和岗位分为会计部门负责人、主管会计、会计、出纳等；按照专业技术职务分为高级会计师、会计师、助理会计师、会计员等。

我国现行《企业会计准则》对会计的定义为："会计是以货币作为主要计量

单位，以凭证为依据，运用一系列专门方法，对一定主体的经济活动进行全面、综合、连续、系统的核算和监督，并向有关方面提供会计信息的一种经济管理工作。"

（二）会计的职能

会计职能是指会计在经济管理中客观上所具有的功能和发挥的作用。随着生产力水平的不断提高、社会经济关系的日益复杂和管理理论的不断深化，会计所发挥的作用也日益重要，其职能也在不断地丰富和发展。会计除核算和监督两大基本职能以外，还包括预测经济前景、参与经济决策、评价经营管理等拓展职能。

1.会计的基本职能

我国现行《中华人民共和国会计法》（以下简称《会计法》）对会计的基本职能做出了明确的规定，即会计的基本职能是进行会计核算和实行会计监督。

（1）核算职能

会计核算职能又称会计反映职能，是指以货币为主要计量单位，通过对特定主体的经营活动进行确认、计量和报告，如实反映特定主体的财务状况、经营成果（或运营绩效）和现金流量等信息。

会计确认解决的是定性问题，判断发生的经济活动是否属于会计核算的内容、归属于哪类性质的业务，是作为资产还是负债或其他会计要素等；会计计量解决的是定量问题，即在会计确认的基础上确定具体金额；会计报告是确认和计量的结果，即通过报告，将确认、计量和记录的结果进行归纳和整理，以财务会计报告的形式提供给信息使用者。会计确认、计量和报告是会计核算的重要环节。

会计核算贯穿于经济活动的全过程，是会计最基本的职能。会计核算的内容主要包括：①款项和有价证券的收付；②财物的收发、增减和使用；③债权、债务的发生和结算；④资本、基金的增减；⑤收入、支出、费用、成本的计算；⑥财务成果的计算和处理；⑦需要办理会计手续、进行会计核算的其他事项。

会计的核算职能具有以下特征：

①会计核算以货币作为主要计量单位。在商品经济条件下，任何经济活动都同时表现为价值的运动。货币作为一般等价物，便于从价值量方面对经济活动进行综合反映，为经济管理提供客观的会计信息。会计核算中，在采用货币计量的同时还辅之以实物计量、劳动计量和相关文字说明等。

②会计是对客观事实的描述。客观事实是指过去已经发生的经济活动，会计是对已经存在的事实的描述，是一种事后的记录，其主要形式是记账、算账和报

账。随着管理要求的不断提高，为了加强经营管理的计划性和预见性，会计利用其信息反馈，对经济活动进行事前核算和事中核算。

③会计核算具有连续性、系统性和全面性。连续性是指会计核算要按经济活动发生的时间先后顺序不间断地进行记录；系统性是指要采用科学的会计核算方法对会计信息进行加工处理，保证所提供的会计数据资料成为一个有序的、整体的会计信息系统；全面性是指对会计主体的各项经济活动的来龙去脉都必须进行全面记录、计量，既不能遗漏也不能任意取舍。

（2）监督职能

会计监督职能又称会计控制职能，是指会计在其核算过程中，按照一定的目的和要求，以国家的法律规范为准绳，利用会计信息系统所提供的信息，对经济活动的真实性、合法性和合理性所实施的审查。①真实性审查是指检查各项会计核算是否根据实际发生的经济业务进行。②合法性审查是指检查各项经济业务是否符合国家有关法律、法规，遵守财经纪律，执行国家的各项方针政策，以杜绝违法乱纪行为。③合理性审查是指检查各项财务收支是否符合客观经济规律及经营管理方面的要求，保证各项财务收支符合特定的财务收支计划，实现预算目标。

会计的监督职能具有以下特征：

①会计监督具有强制性和严肃性。会计监督以国家的财经法规和财经纪律为准绳，要求企业的各项经济业务既要遵守国家的财经法规和财经纪律，也要遵守企业单位的经营方针政策。《会计法》不仅赋予会计机构和会计人员实施监督的权利，还规定了相关的法律责任，具有强制性和严肃性。

②会计监督以会计核算为基础。会计监督从提高单位经济效益出发，将监督贯穿于经济活动的全过程，以评价各项经济活动是否有效。因此，在会计核算的同时，会计机构和会计人员有权利并且有义务审查经济活动的真实性和合法性，确保会计信息真实有效。

③会计监督具有完整性。会计监督与经济活动过程紧密联系，不仅是对已经发生的经济活动的监督，还涉及经济活动发生之前和发生过程中的监督，即包括事前监督、事中监督和事后监督。

会计的两项基本职能是相辅相成、辩证统一的关系。会计核算是会计监督的基础，没有会计核算提供的各种信息，会计监督就失去了依据；同时，会计监督又是会计核算的质量保证，没有会计监督就难以保证会计核算信息的真实性和可靠性。

2. 会计的拓展职能

（1）预测经济前景

预测经济前景，是指根据财务会计提供的信息，定量或定性地判断和推测经济活动的发展变化规律，以指导和调节经济活动，提高经济效益。

（2）参与经济决策

参与经济决策，是指根据财务会计提供的信息，采用专门的方法，对各种备选方案中选出的最经济可行的方案进行分析，为企业经营管理等提供与决策相关的信息。

（3）评价经营业绩

评价经营业绩是指利用财务会计报告等信息，采用适当的方法，对照相应的评价标准，对企业一定经营期间的资产运营、经济效益等进行定量及定性分析，做出真实、客观、公正的评判。

第二节 会计教学概述

一、会计教学的内容

（一）会计知识教育

会计知识教育就是以传授为手段，将会计学科积累起来的文明成果在受教育者中间内化，进而形成会计知识、会计技能，进而在已知的会计世界和未知的会计世界之间架起一座桥梁，使新一代站在前人的基础上去进行新的探索。会计知识教育以传授会计专业知识为主要内容，侧重于会计学科积累起来的物质文明的传承。

在过去相当长的时间，会计教育实行的就是以会计知识教育为主的专业教育。20世纪五六十年代，为了适应新中国经济建设的需要，在会计教育方面着重强调会计知识教育，目标是培养掌握会计专业知识的专门人才。为了全面实施这种会计专业知识教育，培养出适应计划经济发展需要的各种专门人才，国家按行业甚至工作岗位需要设置专业，以专业知识为核心构建课程结构。主要体现在全面引进或学习苏联会计教育的学科体系，并在此基础上构建了以我国会计知识教育为特色的会计学科体系，形成了以会计方法为主体、以会计核算为重点的会计知识教育。在这一会计教育理念的指导下，会计学科体系主要由会计核算原理、部门会计学、部门财务管理、部门经济活动分析等会计专业课程组成。这种以知识教育为主导的会计学科体系的局限性主要表现为：以传授会计知识为主，以行业部门为标志设置学科，各学科内容重复，会计学科讲授的课程大多是对财会制度的解释和说明。

改革开放以来，特别是近十多年以来，随着会计理论研究领域不断扩展，会计教育有了显著的进步。我国既注重会计基本理论问题研究，同时也注重西方会计理论与实务研究，引用和创建了一批会计边缘交叉学科，如会计经济学、会计伦理学、会计行为学等；同时，学习、引进并开始应用实证会计研究方法。与此相适应，会计学科体系方面也有了新的变化，按照会计科学的内在规律和研究内容分设学科，先后增加了审计学、西方会计学、会计电算化、管理会计学、会计史及会计理论等学科，逐渐形成了由会计基础学科、企业会计学科、政府及非营利组织会计学科、特殊领域会计学科、综合性会计学科构成的会计学科体系。

（二）会计的价值教育

价值是标志主客体之间意义、效应和状态的范畴。尽管人们对价值教育还存在着不同的表述，但总体上来讲都是以道德教育、公民教育、精神教育、人格教育等方面的内容作为价值教育的主要内容。在英国，人们倾向于将价值教育定位在促进人的精神世界发展这一层面；在美国，人们更多从道德教育的角度来理解价值教育；在加拿大和澳大利亚，人们一般侧重从教育促进人的社会性发展的意义上来理解价值教育，如重视公民教育等。

美国教育家杜威指出："人类即使具有广泛而正确的知识体系，他仍然面对这样的问题：对于这种知识他将怎样办以及将利用他所掌握的知识去做些什么。"著名生物学家、系统论创立者贝塔朗菲也曾经说过："如果我们还想在这个令人担忧的时代里活下去，就必须准备好对价值体系做一次必要的翻修。"

会计的价值教育简单来说就是会计价值观的教育，或者说是会计价值信念的教育。笔者认为会计的价值教育主要是指通过价值观的传授使受教育者培育价值、形成价值和实现价值，并能有效地进行价值识别、价值选择和价值创造。因此有关价值教育最核心的内容就是价值判断、价值选择与价值追求。会计价值是人类创造文明价值的组成部分，是会计人员用意志和品格构筑而成的文明价值和信念世界。显然，会计的价值教育是指探索会计与其他人特别是会计信息使用者之间和谐关系，帮助会计形成一定的人文精神和人文素养，公平地对待一切会计信息使用者，指导会计运用一定的价值准则主导会计实务工作，实现使会计能够惠及所有会计信息使用者的价值目标。

会计之父帕乔利曾经说过："每年结账一次总是恰当的，特别是当你与其他人合伙时尤其如此。账目长清，友谊长存。"笔者认为这就是帕乔利对会计价值的理解和描绘，这标志着会计价值观念的形成。从帕乔利开始，会计一直努力向全社会宣示着自己的价值信念和价值追求。"公正诚信为主，廉洁勤奋为归"被视为会计人员最基本的价值规范；现代会计学家潘序伦先生提倡会计应当"信以立志，信以守身，信以处事，信以待人，毋忘立信，当必有成"。会计教育家谢霖先生也强调会计、审计人员"必须遵循职业道德"，要端正立场，要以账册、单据为依据，不得虚伪陈述，不能稍涉偏私……朱镕基同志在北京国家会计学院题写了"诚信为本、操守为重、坚持原则、不做假账"的题词。会计学家久马尔舍在 1944 年为国际会计师设计的徽章包含了：太阳——会计核算照亮了经济活动；天平——公平和资产负债表；曲线——意味着核算一旦产生将永远存在；座右铭——"科学、信赖、独立"。意大利、巴基斯坦等国的会计师组织，中国注册会计师协会，北京、上海、江西、贵州等注册会计师组织以及厦门国家会计学院的徽标图案中都有代表会计公正的表象符号——天平。许多省市注册会计师协会的网站上也在显著位置标注着"独立、客观、公正"的字样。国际会计师联合会在其官方网页上开宗明义表明保护公众利益的价值取向。国际会计师联合会（IFAC）是会计行业的全球性组织。它与遍布全球 118 个国家的 155 名会员和联系会员共同合作，鼓励全球会计师进行高质量执业，以保护公众利益；在宗旨与战略一节中进一步指出："IFAC 将通过制定和实施高质量的职业标准，促进标准的国际趋同，并为与行业专长最为相关的公众利益问题进行呼吁，从而促进世界范围内会计行业发展，推动全球经济增长，服务公众利益。"

当然，会计价值教育应当具有与以公平、公正、正义、自由、平等、博爱、民主、法治、人权等为内容的人类现代文明的基本价值体系相一致的特征。因此，会计的价值教育就像每个人要树立起必须坚守的与人格有关的道德底线一样，即无论在什么情况下都要不惜代价必须坚守的底线。然而事实证明，会计不可能真正做到真实、确定、精确，相反在很大程度上会计具有相当的模糊性、不确定性，难以做到"真"，但是会计可以在以人为本的价值理念的指导下去追求"善"，从这一意义上说会计价值教育往往和伦理学、宗教学、美学的价值教育有相似之处，那就是并不是纯粹对"真"的追求，更多的则是对"善"的追求，即对价值信念（如会计公正）的一种追求。会计价值教育并不是由会计理论工作者凭空构想或杜撰出来的产物，而是有着厚重的伦理学基础的。会计的理想图景就是构建一个惠及所有会计信息使用者的会计理论和方法体系，这就是我们对会计价值教育的本质理解和对会计价值教育所寄托的深切期许。

二、会计教学的指导思想

会计教学方案以《国家中长期教育改革和发展规划纲要（2010—2020 年）》《教育部关于进一步深化中等职业教育教学改革的若干意见》、会计专业指导方案（指导性教学计划）为依据，创新专业设置，根据人才市场需求、企业用人需要和国家颁布的职业岗位，根据专业建设需求，创新教学方式，推进讲座式、探究式、协作式和自主学习，强化实践教学方式的工作过程导向。具体如：构建网络学习平台，提高教育教学信息化水平，建立项目库、案例库、技能库，增强教学过程的实操性；创新教材应用，依照国家教学计划、教材内容对接职业岗位标准；针对岗位技能要求的变化，在现有教材基础上开发补充性、更新性和延伸性的教辅资料，依托企业研发适应新兴产业、新职业和新岗位的校本教材；充分体现现代先进的教育思想、教育观念、教学内容、课程体系、教学方法和教学手段，以"学分制"改革为主线，重构新型课程体系，实现校本实训、科研一体化，依托校内、外实习基地，实现专业与产业、人才与企业的对接。

三、会计教学的目标

（一）目标的概念

目标，指的是射击、攻击或寻求的对象，也指想要达到的境地或标准。例如，沈从文《题记》说道："由我自己说来，我所有的作品，都还只能说是一个开端，远远没有达到我的目标。"目标是对活动预期结果的主观设想，是在头脑中形成的一种主观意识，也是活动的预期目标，为活动指明方向。其具有维系组织各个方面关系的作用。

任何实践活动都有鲜明的目标，或者说没有鲜明目标的实践活动都将归于失败。目标既是实践活动的出发点，又是实践活动的最终归宿。一旦有了明确的目标，实践活动的目的性便会生动地表现出来，走向成功的概率也随之提高。

学校教育是一种以培养人与改造人为己任的实践活动，当然有其鲜明的目标。这一点，在我国古代就已形成共识。儒家经典著作之一的《大学》，下笔便开宗明义地提出："大学之道，在明明德，在亲民，在止于至善。"其中提到的"明明德""亲民""止于至善"，便是学校教育的三大基本目标。另一本儒家经典著作《中庸》，也就学校教育的目标进行了具体阐述，明确指出学校教育具有八大基本目标："格物、致知、诚意、正心、修身、齐家、治国、平天下。"到了今天，我们的学校教育目标便明确地界定为："使受教育者在德、智、体、美、劳等方面得到全面发展。"当然，这些教育目标的说法，都是针对学校整体教育而言的，并没有区分出大、中、小学的不同，也没有考虑各门学科教学的差别，也就是说，无论大、中、小学，也无论是何种学科，其教育教学的目标从整体上说都是一致的。

但是，大、中、小学的教育与教学，由于学生对象的年龄与心智不同，其培养目标也应该有所区别；各门学科的教学，由于其性质与内容有明显不同，其教学目标也应该有所区别。也就是说，尽管都可以概述为"使受教育者在德、智、体、美、劳等方面得到全面发展"，但是德、智、体、美、劳的具体内涵与发展程度是有所区别的。我们这里研究的会计教学的基本目标，首先属于大学教育的一个组成部分，应该体现大学教育的整体目标，而与中、小学教育的整体目标有明显区别；其次属于会计学科的教学目标，应该表现出与其他学科教学目标的区别，而具有自己鲜明的特色。

大学教育不是基础教育，而是一种职业技能教育。大学的任何专业都是为培养这个特定专业所需要的人才服务的。经济生活中，既然存在着会计这样一种工作，就需要专门人员去从事这个工作，于是会计便成为一种职业。任何人想要从事会计职业的工作，都必须具备会计职业的工作技能。而要想获得这种会计职业的工作技能，除了接受会计专业的教育与从事会计实践工作以外别无他法。这样一来，大学的会计专业应运而生。所以，会计教学的基本目标应该是提高学生的综合能力。其中，主要是提高学生的会计职业技能，使其成为一名合格的、在不断变化的会计环境中能够胜任会计工作的从业者。教育部"面向21世纪会计学类系列课程及其教学内容改革的研究"北方课题组负责人阎达五与王化成站在会计教育的角度将会计教育的培养目标界定为："培养具有较强市场经济意识和社会适应能力，具有较为宽广的经济和财会理论基础，能够运用财会知识解决实际问题，具备从事中等职业及会计类人员继续教育的教学能力的教师及教学研究人员。"应该肯定的是，这个界定是比较理性与全面的。

长期以来，人们都在思考与讨论一个问题：大学教育到底是"通才"教育还是"专才"教育？有人认为是"通才"教育，大学要使大学生博古通今，文理兼通；有人则认为是"专才"教育，大学要使大学生经世致用，专务职业。其实，

"通"也好，"专"也好，应该是互相结合，而不是互不相容的。就大学生个人而言，应该是既"专"且"通"。不"专"，他便难以胜任本职工作；不"通"，他则难以开拓创新，发展提高。但是，"专"是基础，"通"是发展，"专"是基本要求，"通"是高要求，所以既"专"且"通"的同时，又是先"专"后"通"。就大学而言，应该首先是"专才"教育，其次才是"通才"教育。大学是培养专门人才的地方，因此大学教育首先是"专才"教育。但是，大学里所培训的职业技能不同于以体力劳动为主要成分的职业技能，而是一种以脑力劳动为主体成分的职业技能，它要求所培养的人才，既能胜任这种职业，又能出谋划策，参与管理，即具备综合素养。因此，大学教育在做好"专才"教育工作的同时，还必须培养学生的综合素养，体现"通才"教育的特色。这表明，大学教育，包括会计教育，既是一种"专才"教育，也是一种"通才"教育。它说明，大学教育的目标，包括会计教育的目标，不是单一的，而是存在着一定结构的复合体。

（二）会计教学目标确定的依据

从教育目标到教学目标，存在着一种结构性的转换。教育目标可以借助课程设置、教材编写、教学组织、实践训练、活动开展等途径而得以实现；教学目标则只能借助教学组织去实现。可见，教育目标大于教学目标，也包括教学目标。

必须指出，会计的教学目标与教育目标是相关和一致的，而且只有借助教学目标的实现才能最终保证教育目标的实现。由此可见，前面所引用的表述，又可以用来作为分析会计教学目标的依据。

任何学科的教学都是教师教学生的一种活动。在某门学科的教学活动中，学生总是学习的主体，而教师则总是为学生的学习服务的。教师的教，实际上是一种服务。这种服务，既包括介绍与引导，也包括训练与扶持，还包括评价与纠错，其核心总是指向学生的学习。探讨会计教学的基本目标，是站在会计教学的教师角度进行的，目的在于帮助会计专业的教师明确自己所从事的教学活动的目标，但是这个目标从何而来，则是由学生的学习决定的。所以，大学生学习会计课程的目标便成了我们分析会计教学目标的依据。

会计是一项技术性很强的管理活动，涉及很多专门方法和各项会计准则，而这些方法与准则又是随着经济生活的发展而不断发展的。这说明，会计职业所必须具备的专业技能并不是一成不变的，从事会计工作的人员必须不断地学习新知识，掌握新的会计方法，才能在新的会计环境中立足，才能跟上经济发展的步伐。这一点，在我国表现得尤为突出。近年来，随着国内外经济环境与国际经济关系的不断变化，国家经济政策也随之不断进行调整，这带来的是经济业务呈现出的多样性。在科技发展日新月异的今天，新技术正在不断改变原有的经济业务模式与业务开展方法，这使经济业务越来越呈现出快速的创新性。这就要求从事经济管理的人员必须不断学习提高，才能应对这些变化与创新。知识经济也给会计工作带来了巨大的冲击和影响，要求会计人员必须跟上这个进程。如果墨守成规，不能跟进，而只会机械地从事传统会计的确认、计量、记录、报告等，那么在面临新的会计环境时，就会不知所措，难以发挥会计应有的职能。因此，对于会计人员而言，具备一种不断适应经济变化的能力，是一种基本的需求。那么，作为培养会计人才的会计教学，自然也应该将培养这种适应能力看成基本的目标。所以，经济不断发展的现状、经济法规逐渐完善的现实、知识经济使会计面临的新的环境，也就自然而然成为我们确定会计教学目标的依据。

会计作为一种技术很强的管理活动，既是一种与账目数字打交道的人与物的交流活动，也是一种与人打交道的人与人交流的活动。与人打交道，会计工作便具有了一定的人文色彩。而且，从事会计工作的人员，本身也是一个可变的因素，其道德、心灵、人格的修养也具有明显的人文色彩。与相关部门的职员互相协作，实现良性互动，与其他同事良好相处，共同完成会计管理的任务，也是会计人员综合素养的具体表现。因此，从人的角度来考虑个人的发展、表现与人际适应能力，也应该成为我们确立会计教学目标的依据。

（三）会计教学的基本目标

1. 会计专业教养目标

具体来说，会计专业教学的教养目标到底包括哪些知识与能力呢？我们可以分开来考察。

（1）知识

知识是符合文明方向的，是人类对物质世界以及精神世界探索的结果的总和。知识这一词至今也没有一个统一而明确的界定。但是，知识的价值判断标准在于实用性，以能否让人类创造新物质、得到力量和权力等为考量。会计专业知识，是非常宽泛的。从整体上看，它属于会计的专业知识，具有区别于其他专业知识的完整体系，形成了一个相对完备的自足系统。展开来分析，会计的专业知识又是由会计的前提性知识、会计的基础性知识与会计的专门性知识三个部分所构成的。

首先，会计的前提性知识指的是会计工作的环境因素对会计人员进行影响与制约而形成的静态知识，它通常以条规的形式与物化的形式出现。具体来说，它包括会计法规知识与会计主体（包括各类组织和企业）知识两大类。在会计法规方面，如颁布的会计法、企业会计制度与会计准则等，均属于会计法规知识。它们是每一个会计人员处理经济业务前必须了解的，具有强制性和权威性，必须牢牢掌握。在会计主体方面，如政府与事业单位、工商企业，均有各自的特点与会计核算组织程序，对会计人员开展会计工作也有各自特殊的要求。它们也是会计人员处理经济业务前必须了解的，同样也属于前提性知识。这样的知识，渗透于会计专业课程的许多具体章节之中，因此会计教师有责任通过自己的教学，让大学生牢固掌握。

其次，会计的基础性知识指的是会计人员从事会计工作必须具备的与专业相关的原理性知识。它包括会计历史知识、经济管理知识、数理统计知识等。这些知识虽然不直接与会计专业能力相关联，却随时影响与制约着会计人员的素质与会计工作的质量，在会计专业课程的教学内容里，也随处渗透着这些方面的知识，所以从事会计专业课程教学的教师有义务让学生在教学中掌握这些知识。

最后，会计的专门性知识指的是与会计工作直接相关的知识，或者说是会计人员所必须掌握的职业知识。它包括会计知识与审计知识两大类，具体包含会计科目、会计账户与借贷记账法、会计凭证、会计账簿与账务处理程序、会计各要素的核算方法、成本核算方法、财务管理原理、审计基础知识、会计信息化知识等。这些知识是会计人员从事会计工作时必须具备的，也是与会计工作直接相关联的。会计专业课程的大部分内容都包含有这些专门性知识，而且不管大学生将来是从事会计工作还是审计工作，都不能不掌握这些知识。会计教师在教学之中，让大学生牢牢掌握这些知识，便成了一种核心的任务，也可以说是一种核心的目标。

（2）能力

能力是完成一项目标或者任务所体现出来的综合素质。人们在完成活动时表现出来的能力有所不同。能力是直接影响活动效率，并使活动顺利完成的个性心理特征。能力总是和人的实践联系在一起，离开了具体实践既不能表现人的能力，也不能发展人的能力。会计能力，即会计人员在处理会计事项时所表现出来的熟练程度与有效程度。应该说，会计能力是一个由多方面因素构成的综合体。

会计能力与会计知识不同，其需要的是训练与运用。也就是说，会计知识着眼于了解、理解与巩固，强调熟知与记忆，而会计能力着眼于运用，强调反复训练与操作，注重的是熟练性与有效性。由于会计信息系统是按一定程序对数据进行加工、鉴别、传递的系统，而实施这个系统必须有三个步骤，即会计数据的记录与核算、会计数据的鉴别与使用、会计数据的归纳与分析，所以相应地，在处理会计信息的过程中，会计人员需要分别具备三大基本能力，才能胜任会计工作。这三大基本能力便是会计数据的记录与核算能力、会计数据的鉴别与使用能力和会计数据的归纳与分析能力。同时，这三大基本能力也是大学中会计专业课程教学所要培养的职业能力，属于我们所说的"教养目标"的具体成分。

首先，会计数据的记录与核算能力指的是在会计信息系统中输入经济业务数据并进行核算的能力。处理经济业务数据是会计部门的基本职责，也是会计人员必须具备的基本能力，主要包括会计核算基础能力和财务会计核算能力。

其次，会计数据的鉴别与使用能力，指的是对会计数据进行分类、排序、汇总、鉴证，并在管理过程中使用这些数据的能力。

最后，会计数据的归纳与分析能力，指的是在会计报表的基础上对会计数据进行汇总与分析，并生成会计信息的能力。

会计专业课程的教学应该以培养学生的这几种能力为己任。图1-1为会计专业教养目标构成。

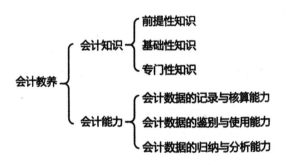

图1-1　会计专业教养目标构成

2. 会计人格教育目标

（1）会计人格教育目标所指

学校是培养人、改变人、塑造人的地方。一个学生，来到学校里，不仅可以通过学习知识获得能力、取得进步，而且可以塑造心灵、修炼思想、健全人格、获得培养。如果把学校仅仅看成是传授知识与训练能力的地方，而全然不顾陶冶学生的情操，那么学校培养出来的便只能是一些以追求功利目的为己任的行尸走肉，从而使学校教育最终丧失其应有的育人意义。人之所以为人，是区别于行尸走肉的。人，有思想、有道德、有理想、有情操、有审美观、有价值观、有人生观、有世界观。所有这一切，并不是每个人一开始就有的，也不是在进入学校之前就已经具备的；每一个人只有在接受教育的过程中，才能逐渐具备。

同时，人又是群居与交际的动物，每一个人都离不开其他人，都必须与其他人打交道。人类的群居构成了社会分工，也构成了社会秩序。每个人在这个群居的社会里各司其职，共同遵守社会秩序，然后互相尊重，互相依赖，互相服务，形成一个紧密联系、丰富多彩的世界。每一个人，要想生活得更好，除了在竞争中努力之外，还不能以破坏社会秩序和牺牲他人利益为代价。因此，对个人来说，教养是一回事，教育是另一回事，而教养与教育是不可分割的。任何一个人，通过形成教养，获得谋生的能力，而通过获得教育，则可以赢得他人的尊重，使自身成为一个健全的人。所以，任何学校，在帮助学生形成教养的同时，必须促使学生获得良好的教育。

就大学来说，其培养的是人群中的高素质人员，所以更应该在培养大学生的专业知识与职业能力的同时，使大学生接受最优质的人格教育。会计专业所培养的大学生，将来都是直接参与经济管理工作的，并且与金钱和物质打交道的机会较多，如果为了使自身的生活更优裕而任由自己的贪欲膨胀，使自己成为金钱与物质的奴隶，那么就有可能走上犯罪道路。在市场经济时代，部门利益、单位利益与个人利益直接挂钩，却与国家利益、他人利益、其他部门和单位的利益客观上相冲突，如果会计人员把握不准，利用自己的职权与对业务的熟知，篡改账目、提供虚假信息、欺骗信息使用者、损害国家与他人利益，最终会为法律所不容。另外，在同一个处室工作，如果会计人员不能与其他人员良好相处、互相配合，为领导出谋划策，那么他应该发挥的才干和应该为单位做出的贡献，也难以体现出来。而这一切后果的产生，均与会计人员的专业教养无关，而直接与其人格教育相联系。可见，教育目标与教养目标同样重要，并且缺一不可。

教育人的任务是学校教育方面工作的共同任务，在专业课程的教学过程中，同样也可以完成。大学的会计专业，所有课程的教学均需担此重任。不同的是，会计专业课程的教学更应该旗帜鲜明，当仁不让。并且，会计教师在传授会计知识与训练会计能力的过程中，应该随时随地关注对学生会计人格的教育问题。

（2）会计人格教育内涵分析

对于教育目标，教育界一向有不同看法。对于人的教育，从精神领域来说，中国古代注重的是伦理道德教育，近代加入了审美教育的内容，现代则又加入了政治教育的内容。所以，1949年以后，在相当长的时期内，我们都把人的教育等同于伦理、政治与审美教育，所谓"德、智、体、美、劳全面发展"，其中的德育与美育就属于人的精神范畴。在美国，教育家布鲁姆的"教育目标分类学说"，将人的精神教育概称为"情感教育"，并认为人的情感是由人的兴趣、态度、价值和性格等因素构成的。可见，我国注重的精神教育是建立在人与人的关系的基础上的，而美国人注重的情感教育则是建立在个人的个体特征基础上的。

其实，所谓教育，就是对人的内心的改造。人的内心，从其指向上看，大体有三个方向：一是指向自我，二是指向他人，三是指向物质。这三个指向分别可以体现出人的一些内心品质。其中，指向自我，便形成人的人生观、理想、情操和性格；指向他人，便形成人的道德和情感；指向物质，便形成人的兴趣、审美观、价值观与世界观。这三者之和，可以用一个词来概括，就是人的品格，简称人格。所以，我们认为，所谓教育，指的就是人格教育。

人格是能力、气质、性格、需要、动机、兴趣、理想、价值观和体质等方面的总和，是个体在社会化过程中形成的独特的身心组织。人格大致包括一般人格与特殊人格两个组成部分。一般人格，是人人共有的，所以也可称为基础人格。在基础教育阶段，学校对学生的教育，实际就是一般人格的教育。对个人来说，不管生活在什么家庭，生活在什么环境，都必须具备的，就是一般人格。比如，积极、乐观、向上的人生观，远大的人生理想，活泼、热情、友善的性格，对世界的根本正确的看法，等等，均属于人人必须具备的一般人格。特殊人格，是有着特殊身份从事特殊工作的人所必须具备的人格。比如，母亲的身份决定了她在子女面前的特殊人格，领袖的身份决定了他在大众面前的特殊人格，商店营业员的服务工作决定了他在顾客面前的特殊人格，教师的教学工作决定了他在学生面前的特殊人格。也就是说，每个人由于其身份的不同和所从事工作的不同，而表现出独特的人格。大学教育是为培养具有特定身份和从事特定工作的人服务的，所以对学生人格的培养也主要表现在特定人格方面。因此，可以说，大学的教育目标，主要是培养大学生将来所从事的职业所需要具备的特殊人格，大学教育就是一种特定人格的教育。

会计专业的培养目标，是让大学生具备将来较好地从事会计、审计、财务管理及其他相关经济管理工作所需要的专业技能。这个特定的职业教育目标，更要求会计专业要培养具备从事会计、审计、财务管理工作所需要的特殊人格的大学生。在这个问题上，会计专业课程的教学具有不可推卸的责任，会计专业的教师应该也必须在自己的教学过程中，在传授知识与训练能力的同时，有意识地培养这种特定人格。

（3）会计人格教育目标构成

具体来说，会计的人格教育目标到底包括哪些特殊因素？这可以从会计工作对会计人员所需具备的工作态度、职业道德与合作精神三个方面分别进行阐述，如图 1-2 所示。

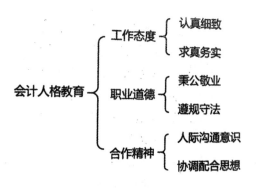

图 1-2　会计人格教育目标构成

　　第一，任何工作都有其相应的工作态度。会计工作，由于其工作内容与性质的特殊，对会计人员的工作态度有特殊的要求。它要求会计人员既认真细致，又求真务实。所谓认真细致，就是要求会计人员对会计账目中的任何数据都认真对待，保证一切会计数据处理没有丝毫差错，即从会计数据的记录核算，到鉴别使用，再到归纳分析，每一环节都准确无误。会计人员必须比其他职业的工作人员更细心、更冷静、更有条不紊。他写错一个数字，算错一个数据，记错一个数目，登错一个账目，都有可能造成重大损失，所以马虎不得。所谓求真务实，就是要求会计人员处理账目不受外界因素的干扰，严格依规章制度办事，确保会计信息的真实性与客观性。会计人员处理经济业务时，都必须准确真实。例如，面对报销账目的人员，无论是顶头上司，还是普通职员，都应该一视同仁，实事求是，按原则办事。对会计人员来说，不认真细致，便可能做糊涂账；不求真务实，便可能做人情账。而无论哪种结果，对会计人员自身来说，最终都毫无益处，甚至会惹祸上身。为了强调这两大人格因素，我们的会计教师应该在自己的教学中随时加以引导。在会计专业课程的教学中，教师既要正面强调认真细致与求真务实的必然性、必要性与好处，也要拿反面的事例来证实不认真细致与求真务实的坏处，并以此来潜移默化地影响大学生的心灵，使他们在成为正式会计人员之前就明确自己的职责，端正应有的工作态度，为将来做一个称职的会计人员奠定人格基础。

　　第二，任何职业都有其相应的职业道德，会计人员也不例外。从其工作性质角度考虑，会计人员的基本职业道德应该是既秉公敬业，又遵规守法。所谓秉公敬业，就是客观公正、爱岗敬业。会计工作关系到不同利益主体的责、权、利，国家、上级主管部门、单位三者之间都存在着利益分配，会计人员如果不能做到客观公正，而是做假账，设置账外账，便缺乏了基本的职业道德，也丧失了基本的人格。会计工作每天与枯燥的数字打交道，对会计人员来说，久而久之，可能觉得枯燥乏味，有时还会头昏脑涨，因而难免产生厌烦情绪甚至产生跳槽想法。所以，对会计人员来说，爱岗敬业，做到干一行，专一行，爱一行，也显得尤为重要。而这可作为其基本的职业人格，或者看作基本的职业道德。所谓遵规守法，就是依法理账，按规章制度办事。会计工作直接与经济管理相关，为了保证其客观、公正、准确、系统、完整，从国家，到行业，从部门，到单位，都制定工作的法规制度。这些法规制度是经过充分讨论酝酿，广泛征求意见，权衡利弊得失，平衡国家、集体与个人之间的利益之后制定出来的，具有强制性和权威性，是会计人员处理会计数据的依据，也是会计人员应对各种违法行为的武器，还是会计人员务必遵照执行的标准。当然，再完善的法律也会有漏洞可寻，再齐全的规章也会有空子可钻，如果会计人员专门寻找这些法规的漏洞，专门摸索这些法规的空当，投机取巧，不仅会损害国家利益与部门利益，也会损害单位利益与个人利益。对会计人员来说，依法办事，做到法规面前人人平等，应该成为一种起码的职业道德，也应该成为一种基本的人格。为了培养会计专业大学生的职业道德，我们可以开设专门的"会计职业道德"课程，也可以在讲授其他课程时，尤其是在讲授会计专业课程中涉及相关法规时，有意识地对大学生进行会计职业道德的教育。

第三，会计工作作为经济管理工作的一个环节，与其他管理环节密切相关，因而存在着互相协作的问题。这种协作，只能通过相应的管理人员去进行。会计人员，作为经济管理人员之一，自然需要这种协作。搞好这种协作便需要会计人员具有良好的合作精神。这种合作精神，就是我们古人所说的"敬业乐群"中的"乐群"精神。对每一个会计人员而言，这种合作既包括同一处室的会计人员之间的合作，也包括与生产管理、销售管理、人事管理等其他部门之间的合作，还包括与银行、税务、工商部门之间的合作。概括地说，这种合作精神，实际上指的是会计人员的人际沟通意识与协调配合思想。如果没有好的人际沟通意识，而是封闭自我，"各人自扫门前雪，莫管他人瓦上霜"，便不仅不能与同事良好相处，也有碍于工作效率的提高。性格开朗，热情主动，替他人着想，予他人方便，不仅能赢得尊重，也有利于提高自身的管理能力与人际协调能力。没有协调配合的思想，而是我行我素，便难以确保整盘棋局走活，也难以得到他人的配合，最终受损的还是自己。这样的人际沟通意识与协调配合思想，尽管在大学的会计专业课程的教学中难以得到培养，但是可以得到强调。如果我们的会计教师在自己的教学中随时强调这样的合作精神，并在会计实践教学过程中有意识地培养大学生的合作精神，便能使我们的教学真正地成为既教书又育人的事业。

3. 个人智性发展目标

（1）个人智性发展目标所指

在教育学与心理学的范畴中，所谓发展，指的是学校教育使学生在获得教养、受到教育的同时，还得到心理发展。心理发展包括两个方面：一是智力因素的发展，二是非智力因素的发展。其中，智力是一个综合概念，指的是人类个体获得信息和处理信息的能力，也就是人类个体获得知识并运用知识解决实际问题的心理能力。它包括注意力、观察力、记忆力、联想力、想象力、思维力、学习力与创造力八个具体方面。思维力是智力的核心，学习力是智力的表现，创造力则是智力的最高表现形式。智力的衡量参数叫智商（IQ），智商的高低决定了人类个体的聪明程度，也决定了人类个体的能力水平。非智力是一种个性因素，指的是人类个体的一些意识倾向与各种稳定而独特的心理特征的总和。它与认知无关，却直接与人类个体的行为方式相关。非智力主要包括动机、兴趣、习惯、情感、意志与性格等心理因素。动机与兴趣影响人类个体的行为态度，情感与意志影响人类个体的行为能力，习惯与性格则影响人类个体的行为效果。非智力的衡量参数称为情商（EQ），情商的高低决定了人类个体的行为能力，也决定了人类个体的成功程度。

传统教育理论一般把教学目标概括为教养和教育两个方面，现代教育理论还提出了把发展作为目标。这个发展，指的就是智商的发展与情商的发展，也就是我们经常说的开发智力、发展个性。在教学过程中，这个发展目标，指的实际就是让学生在既有智力与个性的基础上，在学习知识、形成能力、健全人格的同时，智力得到进一步开发、个性得到进一步发展。就学生个体来说，注意力是否集中、观察力是否敏锐、记忆力是否丰富、思维力是否深刻、学习力是否有效、创造力是否新颖，直接影响其学习效果，也最终影响其谋生能力与智慧才干。同样地，学生个体的动机是否强烈、兴趣是否高昂、习惯是否良好、情感是否热烈、意志是否坚强、性格是否正常，也直接影响其学习效果，并最终影响其成功程度与成才高度。在教学过程中，学生的智力因素得到开发，会促使其非智力因素得到进一步发展；反过来说，学生的非智力因素得到发展，又能促进其智力因素得到较好的开发。这样相互促进，共同发展，循环往复，螺旋式上升。所以，在强调开发学生智力的同时，必须强调发展学生的非智力因素。这二者之间，应该互相协调、一致发展。

学校是陶冶人、磨炼人的地方，也是使人变得更加聪明能干的地方。学生来到学校，通过学习，使自身的意志得到磨炼、性格得到陶冶，然后在获得知识、习得能力与塑造人格的过程中，使自身的智商得到提高，从而让自己获得全面发展，这可以看成是学生学习的目的。相应地，学校在完成教学与教育任务的过程中，也应该切实地担负起促进学生全面发展的责任。这个任务，需要每一位教师在自己的一切教学与教育活动中加以明确，得到落实。大学的会计教育，照样需要完成这样的任务。

（2）个人智性发展内涵分析

智力与非智力概念的外延比较丰富，但相对来说，仍然是一个抽象的说法。它既没有考虑学生的年龄特征，也没有考虑教育教学的层次，甚至没有考虑教育教学的内容。它针对的是人类个体的整体，也是人类个体的终身。意思是说，人类个体的学习，从整体上说，可以促使其智力得到开发、个性得到发展；从终身角度说，也是为了促使其智商提高、情商发展。

我们谈论大学的会计教学，至少要考虑到大学生的年龄特征，也要考虑到大学的职业教育性质，还要考虑到会计专业课程的教学内容。也就是说，我们要考虑的是，在大学会计专业课程的教学过程中，到底能够使大学生智力的哪些方面得到开发，并使其开发到应有的程度；到底能够使大学生个性的哪些方面得到发展，并使其发展到职业要求的水平。要回答这一问题，就需要对智力与非智力之中的因素进行区别与分析。

智力之中，注意力、观察力、记忆力、联想力、想象力这五大因素，对大学生来说属于基础智力。这五大因素，在基础教育阶段就已经得到了较好的开发。可以说，开发这五大智力因素，已经不再是大学教育的主要目标。相比之下，思维力、学习力与创造力这三大智力因素，对大学生来说，则属于基本智力。它们应该在大学生的学习过程中得到加强与提高。对大学生而言，没有深广的思维力，便难以获得认识事物、分析事物与处理事物的能力，也难以判断是非、真假、善恶与美丑；没有独立的学习力，便难以获得自学的能力，也难以获得主动、积极、有效的探索能力与总结规律、发现问题的能力；没有新颖的创造力，便难以获得创造性地处理实际问题的能力，也难以完成创造知识、提出见解的任务，并难以获得敢想敢干、开拓进取的智慧与闯劲。然而，无论是深广的思维力，还是强大的学习力，甚至是新颖的创造力，都是大学生毕业以后，走向工作岗位和继续深造不可或缺的智力因素。会计专业课程的教学，对大学生智力的开发也集中体现在这三大因素之上。

非智力之中，动机、兴趣与情感这三大因素，对大学生来说也属于基础性非智力。大学生一旦进入大学，并选定所学专业以后，这三大因素便已基本定型。大学生选择会计专业，动机明确、兴趣集中、情感鲜明。这三大因素，均指向其所选定的会计专业，以及将来所从事的会计工作。只要其不中途转换专业，打算一心一意地在会计领域里工作一辈子，这种动机、兴趣与情感便没有继续强化的紧迫性。尽管也需要在会计专业的教学中继续得到强化，但紧迫性并不突出。相比之下，非智力中的意志、习惯与性格这三大因素，对大学生来说，显得尤其重要。因为他将来要从事会计工作，面对纷繁杂乱的数据，没有坚韧不拔的意志不行，没有耐心细致的习惯不行，没有冷静理智的性格也不行。没有坚韧不拔的意志，他就可能知难而退，甚至会三心二意，从而丧失对会计工作的兴趣，也可能处理不好基本会计数据；没有耐心细致的习惯，他就可能内心烦躁，常出差错；没有冷静理智的性格，他就可能难以坚持原则、客观理账，而会产生一些原则性的错误。然而，无论是坚韧不拔的意志，还是耐心细致的习惯，甚至是冷静理智的性格，对会计专业的大学生而言，将来不管是从事财务管理工作，还是会计工作，或者是审计工作，都是不可或缺的。会计专业课程的教学，要发展大学生的个性，也主要体现在这三大因素上。

（3）个人智性发展目标构成

具体来说，在会计专业课程的教学过程中，到底能使大学生的哪些智力成分与非智力成分得到发展呢？可以从智力成分的开发与非智力个性成分的发展两个方面来看。

其一，在智力成分的开发方面，我们提出对会计专业的大学生而言，会计教师的教学目标，应该是发展其深广的思维力、独立的学习力与新颖的创造力。展开来看，深广的思维力又是通过职业判断能力与信息管理能力两方面表现出来的。职业判断能力，指的是会计人员对自己所从事的具体工作进行归类与判断的能力。会计工作的性质与职能，要求会计人员具有敏锐的职业判断能力。面对纷繁复杂的经济业务，是否能够准确地进行职业判断，并对数据准确进行归类，是衡量一个会计人员是否合格的重要标准。当然，敏锐的职业判断能力的最终形成，需要一个较长的实践过程，需要靠经验的不断积累。要培养大学生这种职业判断能力，需要在教学时尽可能多地让学生了解会计现状、接触会计实务，做到理论联系实际。为此，实行案例教学并加强会计实践训练是很有必要的。信息管理能力，指的是会计人员对会计信息的实际分析和决策能力。现代企业中，各项决策均离不开包括会计信息在内的各项经济信息。会计人员不仅是经济信息的提供者，也是经济信息的综合分析者，他要为企业决策提供综合性分析资料。企业的资金、成本、利润等预测分析，是会计工作的基本任务之一。因此，作为会计专业的大学生，理应具备较强的经济信息综合分析能力。会计专业课程的教学，可以对此进行专项训练。

独立的学习力，是通过吸收与运用新知识的能力与跨学科学习的能力两方面表现出来的。吸收与运用新知识的能力，指的是在学习与工作中不断学习新知识的能力，它是终身教育的组成部分，也是自我教育的组成因素。随着时代的变迁、社会的发展，会产生一系列新的知识，也会对会计人员提出新的挑战。只有勤于学习，积极果断地吸收与运用新知识，并把终身受训和不断学习作为自己生活的组成部分，才能跟上时代步伐。对会计专业的大学生而言，其不仅要重视大学期间所获得的知识，更要重视在长期的工作实践中不断学习、积累、更新并运用新知识，从而积蓄进一步发展与成长的潜力。大学的会计教师，虽然不可能保证向学生传授的知识能够一劳永逸，却可以保证让学生学会学习，具备独立、主动、有效的学习能力。跨学科学习的能力，指的是以专业知识的学习为核心的横跨相关学科知识的学习能力。会计人员，为了胜任会计管理工作，需要掌握一个共同的知识体系。这个知识体系，是会计人员终身教育所涉及的知识领域，范围较广。它不仅包括会计学专业的专业知识体系，也包括会计工作所需要的经济知识与管理知识，以及现代社会从事任何工作都需要的一般科学文化知识。同样地，这样庞大的知识体系，也是处在不断扩充、改进、更新、淘汰的过程之中的，照样需要会计专业大学生在学习专业课程的时候，培养独立、自主、有效的学习能力。

新颖的创造力，是通过会计方法创新能力与会计业务拓展能力两方面表现出来的。会计方法创新能力，指的是在会计工作中，针对新情况，在遵守会计法规的前提下，创造性与艺术性地处理会计信息的能力。随着社会的发展，新经济领域不断涌现，新经济业务也不断出现，会计所面临的环境在不断变化，而教科书的说法往往落后于这样的实际，如果照搬教科书上的方法去处理会计事务，就有可能遇到难题。而经济业务是不能不处理的，怎么办？这就需要会计人员合理选择，进行会计方法的研究和会计制度的设计。会计教师虽然无法保证提供创新会计方法的具体经验，却可以在自己的教学中使学生受到启发，形成创新的意识。会计业务拓展能力，是指在法规、准则提供的会计基础操作方法的基础上，善于根据会计主体实际情况及时调整启用的会计科目体系、账务处理程序等，以使会计工作的开展更为科学、会计信息质量更有保障的能力。新的经济体系、新的经济交往方式与电子时代的资金运作方式，都向会计人员提出了挑战，需要会计人员创新进取、大胆改革，从而拓展业务、科学核算。而大学教育难以做到让大学生一开始就具备这种能力，但可以让他们具备这样的头脑。所以，会计教师在教学中的启发与引导便有了价值。

其二，在非智力个性成分的发展方面，我们认为，对会计专业的大学生而言，会计专业课程的教学目标应该是锻炼大学生坚韧不拔的意志、培养大学生耐心细致的习惯、培养大学生冷静理智的性格。

展开来看，坚韧不拔的意志又是通过迎难而上的精神与锲而不舍的意志两方面表现出来的。会计工作，环节多、程序多、数据多而且环环相扣，一步都不能出差错。会计人员整日埋头工作，头晕眼花是常事，一不留神，核算差错便会出现，而一旦出现差错便要重新核对与调整，相当麻烦。遇到这样的工作，没有迎难而上的精神，便会被困难吓倒，甚至败下阵来，成为会计工作的逃兵；没有锲而不舍的意志，便会困难重重，进展缓慢，甚至消沉气馁，成为会计工作的懦夫。在这方面，会计专业课程的教师在自己的教学中有意加以强调与训练，应是一个基本的目标。

耐心细致的习惯，是通过仔细核算的习惯与反复核对的习惯两方面表现出来的。会计工作，容易出现差错与漏洞的是记账与登账环节。为了确保这两大环节不出纰漏，需要会计人员仔细核算登录，反复核对，并且养成习惯。经验丰富的会计人员，一般都注重仔细核算与反复核对，并且随时保持头脑清醒，小心翼翼地处置任何一笔账目。说到底，这就是习惯。这种习惯一旦养成，便能减少差错，从而提高工作效率。可见，马虎潦草、心浮气躁，是干不好会计工作的。会计专业课程的教师在教学时，既可以强调仔细核算与反复核对的重要性与必要性，又可以增加一些必要的训练，让学生反复核算与核对，以正面与反面例子来影响大学生。

冷静理智的性格，则是通过坚持原则的性格与宽厚待人的性格两方面表现出来的。会计工作，无非是既对事又对人的工作。对事要处理往来账目，不管多少，也不管繁简，都应该坚持原则，依法规处置；对人，无论尊卑，也无论内外，都必须热情相待，宽厚相处。这既能够体现出会计人员的性格，也能够体现会计人员的素质。会计专业课程的教学，理当为完善大学生的性格，使其更趋成熟做贡献。这一点，会计教师可以通过强调的方式达到目的，也可以通过以身作则的方式达到目的。

可用图示的方法来概括性地表述个人智性发展目标的构成，如图 1-3 所示。

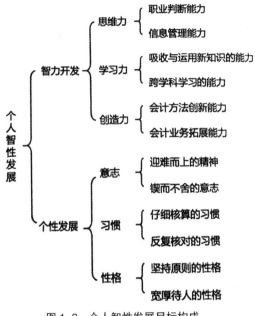

图 1-3 个人智性发展目标构成

四、会计教学的原则

（一）基本原则

1. 全面发展原则

会计教学的目标是培养面向基层中小型企业、快餐店、超市等商业及服务企业和农村经济组织，从事基本会计核算及会计事务管理等工作的德、智、体、美、劳全面发展的中等专门人才，因此必须遵循教育教学规律，注重学生的知识、能力、素质的协调发展和综合提高，坚持知识、能力、素质相协调，促进学生全面发展。因此会计教学在重视知识传授的基础上，还应坚持德、智、体、美、劳全面发展，培养讲诚信、能合作、懂技能的高素质人才，合理分配基本素质课和专业课学时，加强学生职业道德和基本素质的培养；同时，着力于学生提出问题、分析问题、解决问题的能力的培养，拓宽基础教学的内涵，使学生能够构建起适应终身学习及社会发展需要的知识、能力结构。

2. 整体优化原则

高校应主动适应经济社会发展的需要，搜集相关资料，科学、合理确定课程设置，突出课程设置的应用性与针对性，满足社会、企业需求和学生将来就业岗位的实际需要；科学地处理好会计专业公共课程与专业课程、专业基础课程与专业主干课程、课内教学与课外活动的关系；降低必修课比例，加大选修课比例；减少理论课学时，增加实践课学时；合理设置专业课程模块，形成专业发展方向，通过优化课程结构使校内与校外的教学活动形成一个有机的整体。

3. 强化实践原则

会计人才的培养要理论联系实践，创新教学内容、方法和手段，加强实践能力培养，保证实践教学的课时安排；把提高学生的职业能力放在核心位置，加强实践教学，以会计核算、财务管理及管理软件操作能力为本位设计培养方案，对岗位进行能力分解，根据会计专业的技能特色，以具有较扎实的专业知识、较强的核算能力和操作技能为核心，形成会计专业领域的实训教学体系，并以获取会计从业资格证书为主体，实行"多证制"制度，提升学生的就业能力；贯彻产教结合思想，安排好实训课程和实习环节，建立行业、企业和社会参与的教学质量评价机制和标准。

4. 注重创新原则

会计教学应根据当代科学技术发展与社会发展需求，从实际出发，结合本专业的特点和现有实际情况，大胆创新，突出专业的特色和优势；不断创新会计人才培养模式，更新教学内容，改革教学方法，促进会计基础学科知识、专业学科知识的交叉与综合，强化会计学术性教育和会计模拟、会计电算化等专业技能培养，增强问题意识，提高学生的创新精神与实践能力。

（二）具体实操的原则

1. 原理阐释与案例分析相结合

会计，作为一个信息系统，具有一系列自成体系的规则与原理，形成了相对完备的知识体系。会计、财务管理、审计人员，必须掌握这些规则与原理，才能从事相应的工作，并具备相应的工作能力。所以，打算从事会计、财务管理和审计工作的人员，均需学习会计的基本原理，并加以掌握。高等学校中的会计专业，就是专门培养会计人员的，因而开设会计专业课程，以向大学生传授这些规则与原理。对会计专业课程的教师而言，其在自己的教学中，向大学生介绍与阐释这一系列的会计规则与原理，便成了教学的一个基本任务。

会计的规则与原理，都是为会计工作的实践而设的，其最终指向的还是会计人员的实际操作。向会计专业的大学生讲授会计的规则与原理，实际上也是为了最终使他们具备实际操作的能力。然而，规则与原理属于知识，实际的操作则属于能力，在知识向能力的转化过程中，如果没有一座桥梁，也难以达到目的。这座桥梁当然可以依靠会计的模拟实习或者实践锻炼去架设，但是在理论教学的过程中只能依靠案例分析来架设。如果没有案例分析，会计的原理得不到理解与巩固，原理的阐释便会成为纸上谈兵。可见，将案例分析与原理阐释结合起来，也是培养会计能力的需要。

所谓会计原理阐释与案例分析相结合，实际上就是借助企业会计实务中的案例来帮助学生理解与掌握会计知识，将抽象的概念与生动具体的例子结合起来。这一原则实际上是教学论中所说的"理论与实践相结合原则"的具体化，也包含了启发性原则、直观性原则与巩固性原则的因素。如果把会计的原理看成是理论，而把会计的案例分析看成是实践，这便是典型的"理论与实践相结合"。同时，教师之所以采用案例教学，也主要是为了启发学生，以形象具体的例子帮助学生理解。近年来，案例教学大行其道，实际上也是这一教学原则得到体现与落实的标志。

2. 知识传授与法规传播相结合

会计教学的目标在于为社会培养合格的会计专业人才。经济活动中的会计、财务管理与审计渗透着一系列客观存在的规律、程序与规则。这些规律、程序与规则被总结与抽象出来，便成了会计学科的知识体系。对于会计人员而言，这样的知识体系必须牢牢掌握。否则，不了解会计工作的规律、程序与规则，便会出差错，难以胜任工作。以培养会计、财务管理与审计人员为己任的会计教学，理所当然要担负起传授这个知识体系的责任，使会计专业的大学生将来能根据实践过程的规律、程序与规则来处理会计事务，胜任工作。所以，会计教学必须做好传授会计知识的工作。

经济活动中，会计、财务管理与审计工作的进行还受一系列的外围因素的制约。这些外围因素既包括与之相关的经济法律，也包括国家经济管理部门制定的会计法规、会计制度，甚至包括一些行业会计制度与规定。它们虽然不是会计工作中客观存在的规律、程序与规则，但同样对会计工作具有制约性。会计人员在处理经济业务时，必须依照这些法律、法规与制度办事。可以说，国家也好，行业也好，部门也好，制定这些法律、法规与制度的目的无非是规范操作的程序，建立一个约束的机制，创设一种监管的手段，以便实施宏观调控与管理。这些法律与法规一旦颁布实施，便具有客观制约性。所以，对于会计人员而言，这些法律、法规与制度（概称为法规）照样需要牢牢掌握。如果会计人员掌握不好，理解不透，便难以胜任工作。大学的会计教学，在传授书本上的会计知识时，应该同时向学生介绍与传播这些会计法规。

当然，会计知识具有广泛的适应性，而会计法规的适应性则要受到行业、部门甚至地域的影响，不如会计知识的适应面广。所以，会计专业课程的教科书主要涵盖的是具有广泛适应性的会计知识，而少有会计法规的专题介绍。既然会计知识与会计法规对会计人员的工作来说同样不可缺少，那么在依据教科书传授会计知识的同时，也必然要随时渗透会计法规。这就需要会计教师适时补充、扩展教材内容，将会计法规的介绍与会计知识的传授结合起来，同步完成。因此，所谓会计知识传授与会计法规传播相结合的原则实际上指的是，在会计教学中，会计教师向学生传授会计知识的时候随时向学生补充性地介绍一些会计法规，目的在于让学生既学到会计知识，又了解会计法规，从而使之能够得心应手地从事会计工作。

3.技能训练与心理锻炼相结合

对学生进行会计技能训练，既是教学的最终目标之所在，也是教学的难点之所在。我们说，职业能力就是一种技能。财务、会计、审计这些职业所需的能力我们统称为会计技能。会计教学的主要任务便是在教学过程中训练大学生的这种会计技能。具体说来，会计技能涵盖会计信息的记录技能、鉴别技能、归纳技能、分析技能、使用技能等方面，通过会计操作的准确性、速度与熟练程度等因素体现出来。这些技能的获得离不开反复训练。所谓"熟能生巧"，指的便是技能训练。没有反复训练，谈不上熟练程度，也谈不上速度；没有仔细训练，谈不上准确程度。所以，会计教学需要在技能训练上多花时间，多费心思。

会计心理与会计技能相伴相随。我们认为，高超的会计技能必然有良好的会计心理作为背景。我们提出，从业人员必须既认真细致，又求真务实，既有耐心，又有诚心，既不怕苦，又不畏难，指的就是这种会计心理。这样的会计心理既与人的意志相关，也与人的习惯相连，还与人的性格相应，也就是与从业人员的个性相符。所以，所谓会计心理锻炼实际也就是会计个性培养。

这里提出的会计技能训练与会计心理锻炼相结合的原则是指会计教学要在完成对大学生的会计技能训练的同时，使大学生的会计心理同步得到锻炼，从而为养成特有的会计个性服务。相比之下，会计技能训练是外显的，而会计心理锻炼是内隐的。不过，它们之间的关系就好比是一张纸的正面与反面，我们看到的是正面，但实际是隐藏在正面后面的反面，它们总会同时出现在这张纸上，只是我们没有看到罢了。会计教学中，我们的直接目标是对大学生进行会计技能的训练，但在训练其会计技能时，又总是同时在对其个性心理进行锻炼。可以这样说，我们表面上在对大学生进行会计技能的训练，而实际上又同时对大学生的意志、习惯与性格进行了磨炼，使他们逐渐地具备了财务、会计与审计工作所需要具备的特殊个性。既然如此，我们在教学中，就应该将其作为一个明确的指导思想，有意识地加强对大学生会计心理的锻炼。

第三节　我国会计教学发展现状

一、我国会计教学的研究成果

（一）关于国际化会计人才培养的研究

国际经济形势和整体经济环境不断变化，使得会计的职能发生了变化，从而要求会计人才能够迅速做出应变。我国飞速发展的经济对会计人才应具备的素质提出了要求，提高学生的综合素质和培养学生的综合能力成为会计人才培养的重点，从而使造就出的会计人才具备国际视野，能够满足我国经济国际化发展的需要。因此，众多学者纷纷表示赞同会计国际化人才的培养，也对此展开了一系列探讨，并提出了各种有针对性的观点。

孙铮、王志伟对现阶段高校会计教育中出现的问题进行了研究，着重探究中国加入 WTO 后将会面临的机遇与挑战。加入 WTO 后，中国会计教育事业进一步发展，在会计教育中加入了竞争机制，对会计知识更新以及高级会计人才素质的要求进一步提升。同时，中国的会计教育也将面临政治经济变革、社会文化变迁、科技水平提升、市场需求增加、国外教育机构相互竞争等一系列挑战。因此，提出了以下对策：为满足经济需求，应积极发展会计教育；确定高级人才、国际会计人才培养策略；突破会计学历或水平局限，确定高级人才培养方案；鼓励学生对专业、学科和选修课程的自由选择，以弥补知识层面过窄的不足；对大量选择会计专业的学生提供相应的退出机制。

孙育新提出，伴随世界经济一体化的快速发展，会计国际化已经变成了世界各国直面的问题。会计作为国际贸易活动必不可少的一部分，应该加速与国际经济政策对接，实现会计的国际化发展。全球贸易和跨境交易变得越来越普遍，中国会计市场应该进行开放，允许外国的会计师事务所以及会计人才进入我国，我国会计相关机构组织也有机会到国外深造。中国加入WTO后，培养会计人才、创建国际化的会计团队的工作将更加紧迫。

何军峰、黄红球认为会计人才的质量与高校会计人才培养模式相关联，深刻理解并把握新时期下会计专业人才培养模式的特性与要求，对于我国社会主义市场经济的国际化发展、提高会计人才的素养具有重要的意义。

沈英对国内会计教育进行了分析，研究了会计高等教育的改革方案，重新明确了国际化会计人才培养的具体方案，设计出高层次、复合型、国际化的会计人才培养模式的大体方向，并对此提出了有效的改革途径。

刘丽影认为在新时代下培养国际化会计人才极为重要，并提出我国的会计人才培养模式应进行改革与完善，应以国际化教育为导向，重视学生诚信教育，将高校的考试改为笔试以及口试两方面，全面提升会计学生的思想素质。

傅建雯发表了《现代会计人才素质的十大转变》，对我国会计行业发展现状进行了详细分析，从国际化发展的角度提出我国会计行业未来的发展趋势，指出我国应培养大量具有国际水平的会计人才，对目前会计人才培养的策略提出了相关建议以适应会计国际化形势的需要。

曹慧民、柴庆孚在会计国际趋同的背景下着重分析了国内会计教育中存在的缺陷，对我国会计的教育模式提出了相应的优化方法，在提高会计国际竞争力、培养高级会计人才等方面具有关键性的作用。

庄学敏认为会计国际化发展离不开会计教育改革，就目前会计教育的实施情况分析，调整和完善会计教育体系已经成为我国教育改革的重点。通过教学改革能够加快培养具备国际会计知识、掌握国际会计惯例的专业人才，所以我国会计教育界面临的主要难题是如何建设符合我国国情的国际化会计人才培养体系。

王琴在经济全球化趋势下，对我国的国际化会计人才的培养方式提出了新思路，认为应该将国际化教育的原则深入贯彻到组织教学中，重点培养学生的创新意识，全面提升学生的综合能力。

沈颖玲提出各高校应该对会计教育目标做调整，同时应该对会计专业的课程体系进行调整，并基于以上条件，进一步探讨了国际化会计人才应该具备哪些特质，从而对会计教学课程体系进行动态调整，对课程的整体结构设计、课程的核心环节与辅导课程的内容以及如何建设课程群等问题进行了逐一分析。

郭永清通过分析我国高级会计人才的结构，认为我国目前所拥有的国际化高级会计人才的数量相对较少，从而对高级会计人才培养模式提出了新的改进方案。

李晓慧总结了国外会计教学中优秀的经验与方法，对英国大学进行了实地考察与研究，从教学目标、课程设置、教学方法、课程考评等几个方面为国内大学的会计教学体系的建设提供了相关建议。

刘玮玮在经济全球化趋势的基础上分析了我国会计教学中双语教学的必要性，认为在会计双语教学中仍然存在一些问题，并对教材内容、授课方式、师资情况、学生素质等方面提出了一些建议。

叶怡雄认为会计国际化教育观念使得各个高校逐渐关注培养具备国际会计准则知识与专业实践能力的高级会计人才，从而对我国培养国际化会计人才中可能遇到的障碍进行了探索，对会计实践教学改革提出了一些建议。

刘丽华认为会计为资本市场服务，推进会计教育国际化发展能够优化经济贸易的良好环境，并为推进区域国际化、复合型会计人才培养机制提出了建议。

郭化林、何乒乒认为在会计准则国际趋同的背景下，会计知识也应不断更新，所以协调中外价值取向、文化差异和培养终身学习能力是会计教育国际化的关键要素，由此提出培养合格的国际化会计人才的针对性建议。

王丹舟、郑婕颖了解了高等院校有关培养国际化会计人才实践能力的状况，对比国际会计实践人才培养的先进模式，收集了一些值得借鉴的经验，从而对如何培养会计人才的实践能力提出了一些有代表性的改进策略。

胡永平分析了西部地区一些地方高校中会计国际化人才培养的难题，对这些高校的教育方式提出了一些建议，以加快国际化会计人才培养目标的实现。

张海兰、邢伟平认为会计国际化要求众多高校应以培养具备国际视野的高素质会计人才为主，而高校会计专业教学能够直接推动会计教育国际化的实现。他们对会计专业教学中存在的种种问题进行了剖析，并提供了构建以培养学生各种能力为核心的新型教学模式的新思路。

何传添、刘中华、常亮对我国会计学会、会计教育专业委员会的会议内容进行了概括，会议研讨了会计国际化教育、会计教学水平、会计人才培养质量等方面，从会计教育国际化与会计研究生教育、会计专业课程体系构建与教学方法的更新、会计专业人才培养等层面提出了相应的改进对策。

何丹、吴芝霖认为实践教学是造就高素质、复合型、创新型、国际化会计人才的重要环节，借鉴了国外会计专业实践教学的先进经验，重新设计了会计国际化人才培养机制，将课内教学、课外活动与校外实践三者结合，设计出三位一体的会计实践教学模式。

陈冬、周琪、唐建新对武汉大学首届特许公认会计师公会（ACCA）专业毕业生情况进行收集，实例分析了ACCA专业教育对国际化会计人才培养的重要影响，认为ACCA专业教育有助于我国培养具备国际会计专业技能的人才，提高会计专业学生的国际竞争力。

楼继伟认为要深入贯彻落实人才强国的战略，我们应大力培养全国会计领军人才，因此，应该做到以下四方面：明确方向，服务发展；立足改革，创新机制；面向世界，拓宽视野；高端引领，统筹推进。

陈英、林梅、吴海平从高校与企业的不同视角分析了培养国际化会计人才遇到的障碍，从高校的视角提出我国现阶段国际化会计人才培养方面所存在的主要问题，并对高校的教育改革提出了一些建议，从企业的视角对企业在职人员如何进行国际化培训进行了探讨，最后提出高校应该与企业合作共同培养国际化会计人才。

兰飞、蒋园园认为高等教育国际化已经引起各国的重视，培养国际化顶尖人才越来越重要，根据财经院校中国际化人才培养体系的目标与原则构建了国际化人才培养体系的框架，并从培养目标、课程设置、师资条件、教学模式等方面细化了会计国际化人才培养体系的内容。

叶桂梁认为经济市场竞争激励，我国会计人才培养模式相对落后，为了更好应对经济全球化市场竞争，应该加快会计人才培养模式的变革进程，为我国培养更多国际化会计精英，推动我国经济的发展，带领企业走出国门，积极参加全球市场的经济活动。

李继志、邓美云认为人才培养质量在一定程度上影响着国际化教育改革的进程，也是衡量高校教学质量的重要标志。根据高校在国际化会计人才培养中遇到的障碍，分析了人才培养质量控制的关键因素，并为国际化人才培养质量保障体系的建设提出了相应的策略。

刘杰、吕荣华认为目前企业对会计人才的素质要求较高，然而高校在会计人才培养方面无法充分满足市场高标准的要求，所以对我国高校会计人才培养过程中存在的主要问题进行了探究，进而总结了复合型、国际化会计人才所需的素质，对高校会计人才培养体系设计也提出了建议。会计国际化要求会计人才应具备更加多面、综合的知识与技能，会计人才的造就应注重提高学生的素质、拓宽学生的视野、培养学生的应变能力等。在一定程度上，过去的会计教育已经无法充分满足会计国际化发展的需求，而具有夯实的会计专业知识、具备综合素质的会计人才已经成为新形势的需要。众多高校在会计教学中应尽量完善会计知识教学的结构，提出新型的"宽基础、多学科"的培养机制，使得学生在未来不断变化的职业环境中稳定立足。作为一名优秀的国际会计精英，应该以本国经济利益为基本点，在不同国家的经济制度下进行双向的沟通与调整，以保障会计信息的真实，保证企业中经济活动的顺利进行。会计国际化对我国会计人才的培养提出新要求，培养会计学生的终身学习能力越来越重要，尤其在多变的经济环境下，学生具备继续学习能力显得特别关键。

综合上述内容，经济全球化要求国际化会计人才的支撑，每个国家都应予以重视。为了顺应时代的发展需要，国内学者踊跃对我国高校培养会计人才提出要求，致力于提升会计学生的综合素质，并对高校中的会计教学模式、课程编排、学生评价等方面进行优化，将传统教学的重心转变为时刻重视国际化会计人才的培育，使学生可以完全了解国际会计准则以及会计知识的变化，从而造就高层次、高素质的国际化会计优秀人才。

（二）关于创新创业人才培养的研究

我国经济的发展推动了社会的进步，从而需要大量的创新创业人才支撑我国的经济建设，但我国人才培养模式的更新速度较慢，无法充分适应发展的需要，传统类高校在培养应用型人才方面忽视了创新创业型人才的培养，存在较多的弊端，国内的一些专家学者逐渐意识到个性化人才培养的重要性，对此展开了一些详细研究。

赵润廷、张俊平从知识经济背景的角度着重分析了培养创新人才并加强对人才管理的关键作用，从创新人才应具备的特点层面对我国的教育方式提出了改革建议，为经济发展提供足够的优秀型人才。

姜宏德从知识经济时代的角度出发，提出我国的创新型人才相对短缺，解决创新人才短缺的关键是对教育进行创新。

李大公、姚美珍认为创新是人力资源中最关键的部分，同时创新也是推动生产力发展的有效动力，高校应从发展生产力的战略角度重视创新创业人才的培养，依据高校创业人才培养的现状对教育改革进行一些探讨。

张进认为在不断发展的经济社会中，完全有必要实施创新创业型教育，培养创新创业型人才，并对我国现代高等院校的人才培养目标提出了新要求，即为促进学生的创新创业能力的培养，有必要对我国的教育观念进行更新，全面推进我国的教学改革进程。

曹胜利提出创新型国家的发展离不开创新创业人才的支撑，加速培养创新创业型人才，首先要明确创新创业人才培养的本质、知识体系以及价值取向，明确创新创业人才培养的目的。

李华对于全面推进我国的素质教育表示认同，认为造就具备自主创业意识、开拓创新能力的高层次实践型人才，已经成为这个时代赋予高校的新要求，进而提出适当利用课程体系全面推进教育改革，助力学生学习更多的专业知识，也是加快创新创业人才培养的有效路径。

李飞在远程教育流行的时代下，对会计创新型人才培养的意义进行了明确，探讨了关于会计创新型人才培养的新方向。

赵红梅、廖果平认为应该对高校的教育模式进行创新，从根本上解决大学生同质化的问题，这也会在一定程度上推进创新型国家的建设；应该根据社会需求对会计本科教育进行改革，实现创新创业型教育，为发展具有核心竞争力的社会奠定基础。

孔令辉依据我国对会计人才的需求情况，制定了会计人才的培养目标，提出应调整高校的办学方向、改革高校的课程体系，并对我国高等院校中创新应用型会计人才培养模式进行了设计，提出了相应的教育评价体系。

敬采云认为在创新型国家建设的过程中会计人才培养模式与会计创新型人才培养尤为重要，提出了会计创新人才的"工"型特色培养模式，对加快会计创新型人才培养的进程具有积极意义。

刘丽华、李旭分析了中国—东盟自由贸易区的建设对会计人才的迫切需求，对会计专业的教育观念、培养宗旨、课程体系、教学模式等方面的改革与创新进行了积极的探讨。

吴中华提出教育创新应该成为创新型会计人才培养的原始出发点，ERP 仿真教学为造就创新型会计人才提供了优秀平台，从而利用 ERP 仿真教学对我国教育模式进行创新研究，加快创新型会计人才的培养进程。

邓学衷、姚俊俊对创新与创新学习的过程、动力路径以及能力发展进行了具体的阐述，对创新学习教学实践、培养创新型人才具有指导意义。

程翠凤对会计信息系统的实践教学目标进行了准确定位，探究了会计信息系统实践内容与实践教学模式中的各项问题，提出了以创新创业实践能力为导向的会计信息系统的实践评价机制。

周凌宇、余文华、舒铁对我国高校的教学展开了调查，探究了创新创业人才的课程体系设置，从本质上对高校如何建设创新创业人才培养课程体系，以及该体系的特征、思路及技术进行了进一步阐述。

田志心对我国学术类会计领军人才的培养工作进行了详细分析，探讨了如何利用会计人才培养模式培育我国的会计领军人才。

樊丽明对创新创业核心素质进行了细化分析，提出创新创业核心素质应该包括知识、能力以及思维三方面的内容，并提出通过完善课程体系、改革教学方法、提升师资力量、净化创新创业环境等方法提升学生的综合素质，进一步完善创新创业人才培养体系。

王文华、王卫星、沈秀提出创新创业人才是未来商科人才培养的必然选择，这些优秀的商科创新创业人才发挥着不可忽视的重要作用。同时，院校中的实践教学也能够增强他们的创新创业意识，使他们提升业务处理能力。在此基础上，作者对目前我国高校的实践教学情况进行了分析，提出我国高校在实践教学时存在实践教学体系不连贯、师资力量缺乏等问题，从而提出完善商科实践教学的具体措施。

章振东、卢洁根据中国经济"新常态"所表现的特征，提出管理会计将要面临的新挑战，认为我国应该不断更新管理会计理念，创新管理会计理论与方法，积极培养优秀的管理会计人才，为我国管理会计体系的构建贡献力量。

张各兴对会计领军人才培养进行了思考，对如何发挥会计领军人才的作用进行了分析，对如何创新会计领军人才培养方法提出了建议：升级课程体系，在夯实会计转型所需知识的基础上持续引领；深化现场教学，在会计转型前沿进行实践工作；注重社会实践，在创新创业的浪潮中积极引领；构建学习生态，在联盟合作和融合提升中相互引领；强化纵横联通，在全方位、立体化的使用中推动引领；锤炼专业能力，用沉淀提升后的独特思维和超凡智慧引领；坚持职业操守，在凝练职业信仰和家国情怀中引领。

综上所述，创新创业教育是国家层面提出的战略决策，创新创业人才的培养对于社会发展具有重要意义。多数学者认为会计学作为一门应用性很强的学科，应积极推进会计教学改革，相比于同质化的人才培养模式，会计教育应该对创新创业人才的培养模式进行不间断的优化，建构与经济形势和地区产业发展趋势相对应的课程体系。高校应积极引入个性化的创新创业人才培养模式，以适应现代科技发展和经济发展需要。高校创新创业人才的培养应以个性化教育为基本导向，稳固树立以学生为本和以个性培养为中心的多元化、差异化的教育观念与人才培养观念，加快学生的全面发展，为国家提供越来越优秀的会计人才。

二、当前会计教学中存在的问题

（一）师资队伍不合理

教师是教育的灵魂，会计教育创新的基础是教师素质的提高。在信息技术快速发展的今天，教育工作者应改变传统教学方式，将信息技术融入教学中，适应新时代发展。但是，就我国会计师资队伍来说，仍然存在诸多问题。

1. 师资规模偏小

由于 20 世纪 90 年代后期，高等院校进行招生制度改革，实行大幅度扩招，总体上看，导致我国高校生师比与发达国家相比严重失调，教师资源严重缺乏。相关调查显示，2008 年，我国高等院校学生与教师的比例大约是 17：1，也就是说每 17 个学生有 1 个教师。而有关报道显示世界上大多数国家或地区的生师比在（6~10）：1；三分之一的国家和地区学生与教师的比例在（11~15）：1，学生与教师比例高达（16~25）：1 的国家或地区有 15% 左右，相对来说大多数发展中国家的教育发展水平是落后的，它们的生师比竟然超过了 25：1。在教育水平领先的发达国家，如美国，在其最顶尖的 10 所高校中平均生师比可达6.73：1。近些年，会计专业作为较热门的专业，生源较多，许多高校会计专业的招生规模较大，在校学生数量急剧增加，师资缺口也日益明显，导致高校会计教师授课以及指导学生等工作强度和压力大，难以适应新形势下高素质会计专业人才培养的需要。

2. 师资水平偏低

针对我国会计专业高等院校的发展水平，其师资队伍无论是从受教育水平还是在职人员，都有悖于教育事业高速发展的现实需要，而高水准会计教师人数缺乏和学术性创造性人才的缺乏，也进一步限制了会计教育的发展。这种不足主要表现在：一方面，留学人员数量偏少，学术成就不高，很难在国际舞台上产生影响力，教师的国际学术竞争能力亟待提高；另一方面，大多高校不重视对青年教师的培养和规划，使他们局限于理论教学，缺少对先进知识钻研的动力和进行思维创作的勇气，从而很难成长为学术领导者。而且，目前高校教师各种竞争和科研压力加大，迫使一些教师目光短浅，过分追求眼前的片面利益，并没有真正投身于学术研究的决心与耐心。所有这些都不利于会计学科的健康发展。

3. 师资结构不合理

综观各个行业，高水平的师资队伍往往具备以下几个要素：合格的受教育水平、具备一定的职业职称、年龄合适等。相比之下，我国现存师资队伍的整体水平及内部结构令人担忧。主要有以下几方面的体现：第一，受教育水平偏低。尽管我国曾在 20 世纪末期以当时的历史发展阶段为背景对高等院校的博士或者学士学位教师所占的比重有过确切的规定，但是就现在发展的具体水平来讲，仍未达到当时的目标要求，仍有一些学历不达标的教师在从事会计教学工作。第二，从教师的职称来讲，高级职称的教师所占的比例达不到 3/10，大多数人都是讲师的水平，并且职称结构不平衡的问题广泛存在于大多数高校中。第三，同一所学校中，师从同一个教师的学者或者说同一个学派的教师泛滥，导致学术交流及创新活动无法正常展开。

4. 师资队伍观念落后

从目前情况看，一些高校会计教师知识更新步伐不够快，未形成综合的知识体系，缺乏创新思维。不少教师意识上仍旧以"教师为中心"，教育观念上以"传道、授业、解惑"为主导，这种偏向专业对口、注重以教师为媒介、以课本为知识来源进行授课的教育理念，使学生往往局限于接触单一的专业知识，创造力和主体性都没能得到很好的发展，从而在一定程度上阻碍了知识的传播和发展。在这种过分强调考试成绩、轻视实践能力的落后教育理念的影响下，学生往往为追求高分拼尽全力，却是个行动的"小白"。很明显，随着时代的进步、社会的发展，这种传统教育观已很难适应经济、社会、科学技术综合化、整体化的发展要求。在知识加速更新换代的新时代，政策、法规、准则、制度频繁更新，经济管理观念不断更新，新业务层出不穷，如果此时教师闭目塞听，便不能将新知识、新理念传播给学生，从而桎梏了学生的发展，也就在一定程度上阻碍了这一行业的发展。因此，转变会计教师的教学观念，使他们顺应时代的变化，时时更新知识和教学技巧是一项长远而又艰巨的任务。

5. 师资管理机制不完善

高水准大学的评判标准主要是基于高水平的师资队伍和优秀的学科领导者这两方面因素。因此，花大价钱引进高等人才的行为也有其可取之处。而有的高校脱离自身发展的实际情况，片面地执着于只要引进外来高水平的教师就能改善整个落后发展的现状这样的想法，不对已有的青年教师进行培养或者送他们去高等学校进修，往往会使原有的教师失去对本校的热爱，转而辞职离开。这种单纯引进的方法，造成了原有人才的流失，人才的流动更加频繁，不利于良性用人机制的形成，还会使原有的师资队伍元气大伤。另外，教师教学效果的好坏主要取决于教师主观能动性的发挥，而教师聘用管理制度的落后及"铁饭碗"性质的事业编制，使教师一旦获得正式编制，即使不努力备课，也不用担心丢掉工作，这也一定程度上限制了师资队伍的更新。

学校没有定期对教师队伍进行培训，导致教师团队没有及时地更新自己的教学理念，引发会计教学跟不上时代的发展等问题。学校缺少专业的会计教学设备，教师虽然具备相应的理论基础，却不能够有效地进行发挥，导致专业的教师团队无法有效地建设。

6. 教学与科研关系不平衡

单纯以教师的理论研究成果作为评判的标准，而忽视其具体研究成果的实践应用，这是长久以来我国教师评价制度存在的弊端。在教师评职称或者对教师进行量化评定时，侧重教师的科研水平，忽视教师本身的教学能力及水平，从而使很多教师难以在科研与教学中取得平衡。在这样一个评价机制的影响下，教师纷纷投身学术研究也在所难免。而会计专业对实践操作能力的要求非常高，如果教师在学术研究的重压下忽视了对实践课程的重视，再加上会计教师本身数量不足、质量有待提高的社会现实，那么为数不多的会计教师只能将主要精力投身于理论教学，从而冷落了对学生实践能力的培养，那么高素质、高技能的会计人才只会越来越少，难以满足社会发展的需要。

（二）课程体系设置不合理

随着互联网时代的到来和互联网知识的普及，人们的思想和生活发生相应改变的同时，也对社会经济的发展产生了不可磨灭的影响，当然会计行业也不例外。但就当前发展阶段而言，鉴于我国会计行业本身存在的弊端，互联网对其以后的发展在提出挑战的同时也赋予了更多更好的发展机遇。在这个竞争与机遇并存的大好时代，会计行业的相关工作人员只有不断汲取新的知识，更新观念，才有可能把握发展时机，以更好的姿态投身互联网会计发展的潮流中。

通过对我国会计学专业课程体系现状研究的文献进行检索分析以及通过对各个高校会计学专业培养方案及其课程体系和课程设置进行查阅统计，我们至少能发现以下几个问题。

1. 缺乏专门的会计课程体系研究

经过对现有文献的查阅和归纳整理发现，专门研究会计学课程体系的文献非常少，大多研究的是专业培养模式、学科建设或质量工程建设等问题，顺带研究课程体系问题，这说明大多数相关领导、教育学者及教师在研究会计教学的时候忽视了课程体系研究的作用。漠视专门的课程体系研究的原因可能是领导不熟悉具体教学课程体系而多关注培养目标、模式等导向性问题。另外，相关研究者大多认为课程体系从属于培养目标、培养模式，并且课程体系是培养模式的直接实现方案——专业培养方案（或计划）的重要组成部分，不宜或不必要单独研究。这个认识是不够全面的。首先，课程体系是实现培养目标、贯彻培养模式导向的具体实施体系。它不仅仅是简单地从形式上去迎合培养目标，也不是按照培养模式及课程设置模块去随意把各类课程拼凑在一起，而是把各类课程联系在一起，形成一个前后衔接，使基础课与专业课、理论课与实践课相互融合，必修课与选修课相互配合，课内学分要求与课外实践活动学分要求相互支持的一个有机体系，所以一个真正的课程体系是具有生命力的体系。其次，课程体系一般会随着培养方案的修订而进行修订，大多高校是四年一个周期进行这项工作，在专业教学方案修订期间，四年内一般是不会改变课程体系具体设置的。但社会环境在变，学生在变，最重要的是会计学的专业环境在不断变化，并且知识更新的速度越来越快，如果课程体系的具体内容及其实施方式四年完全不变，则极有可能落后于社会发展，不能够满足社会对于会计教学的需求。课程体系并不仅仅是一个实现培养目标、实施培养模式的机器，而应该是一个"有呼吸"的有机体，在大方向和主要核心内容不改变的情况下，在一个修订周期内根据环境变化的要求，出陈纳新，从而培养出更加适应形势变化和社会需求的优秀会计人才。

如今除了几所著名大学或重点大学在课程体系建设上有自己独特和适合本校发展的体系外，其他高校基本都还在摸索，而且对课程体系普遍共性问题的研究也极度缺乏，因此，对课程体系进行独立研究是非常必要和非常急迫的。课程体系研究应当成为大家广泛认可的一个重要的独立研究方向，需要各个相关人士的积极参与。只有专门开展课程体系研究，才能解决这些关键问题，使课程体系真正成为实现培养目标和实施培养模式的重要工具。

2. 缺乏科学的评价标准

课程体系研究作为一项重要的内容，已经形成了几种典型的体系，各个高校在课程体系建设上也根据自己特点和条件做了很多努力，都形成了自己的风格，并且在培养合格会计人才上形成不少有价值的经验，也或多或少取得了应有的效果。然而，这种特点和风格更多的只是表现在形式上和某些特定功能上，对于课程体系的实施效果，缺乏一个合理的、有效的评价标准和机制，更缺少调研分析及实证检验的过程，大部分评价只是依靠以往经验和感觉，评价标准缺少严谨的、详细的论证过程，不具有说服性和科学性。

3.课程体系的研究流于形式

专门进行课程体系研究的成果本就不多，而且其中多数也只是就事论事，关注课程体系中课程模块的比重问题、实践课程模块的比例是否合理，很少能够意识到课程模块及其比例构成只是课程体系的形式，而课程模块之间的有机联系以及课程体系实施后对学生知识结构及能力结构的影响才是课程体系研究的本质问题、关键问题。因此课程体系的研究缺乏专业性和深入性。

（三）综合实践能力培养不足

1.实践教学方式与内容脱离实际

当前基础会计、中级财务会计、成本会计等教学内容占据了会计高等院校实践课的大多数课程，而税收管理、财政审计及管理的教学内容却很少有一席之地。即便是针对操作层面，也多以模拟企业的虚拟数据为主，这种实际操作课的练习题难度远远低于现实企业，所以学生很难在这样的学习环境下积累丰厚的实践经验，其对职业进行判别的能力也几乎为零。

高等会计院校的实践教学模式依然以模拟形式的练习为主，主要包括单项模拟和综合模拟两种形式。而单项模拟的课程主要以成本会计、财务会计和基础会计的实际操作为主；综合模拟则不同，它是即将毕业的学生以企业的具体生产和运行情况为基础，进行的企业会计模拟实践操作。近期以来，虽然与经济发展同步的新的会计准则已经颁布实施，新兴的科学技术也不断融入会计行业，其教学的具体实践内容也在与时俱进，但由于政府及社会各方面不利因素的影响，会计专业的实践教学仍落后于社会实践。

2.会计实训项目单一

财务会计专业是实践性很强的专业，因此需要其在教学过程中达到理论教学与实践教学的完美结合。但是当前阶段财会实践教学情况不容乐观。这一方面是由于财会专业学生人数众多、实习经费不足、实习基地缺乏，另一方面是由于校外实习基地的企业出于商业机密安全考虑，不愿意让能力有限的实习学生接触到更多有用的生产、经营、管理业务，从而导致学生的实践能力在学校得不到提高，在校外又只能接触辅助性工作，实习效果欠佳，学生的实习热情一度低迷。在这种情况下，学生的实践能力不足，短时间内无法适应企业工作，根本得不到实习单位的认可。在学校，财会的实践练习只是学校为让学生实训而进行的模拟练习，在模拟的进程中学生根本无法了解到财会部门在企业中所处的地位，更体会不到它需要工作人员相互帮助的特性，因而无法从根本上改变学生实践能力低下的现状。在大多数高等院校的课程安排中，"会计模拟综合实训"课程往往安排在所有的理论课程结束之后，集中一个学期进行练习，这种课程安排的弊端在于理论学习与实践操作分割开来。除此之外，实践课程少，实践效果低下的问题也不容忽视。这种先由教师讲述，再由学生实践操作的教学方法，由于内容过于狭隘，也达不到真正的教学目的。

3. 实践过程缺乏仿真性

财务会计实践训练的内容水平偏低，仅包括单纯的账本登记、编制财务报表和对运行投入资金的计算等方面，缺乏对复杂业务和周遭环境的评估，从而导致学生只具备单纯处理简单财务计算的能力，在分析实际环境和解决实际问题上能力明显欠缺。

因此，通过模拟进行的财会实践训练，很难使学生具备毕业后就可以担任起正常职务的能力。具体原因在于模拟财会实践操作很难将不同企业的财务工作流程及企业管理模式完全复原。在这样的情况下，学生很难在实践模拟中得到真正的锻炼，对于不同企业的具体财务计算方法、内部调控手段等，学生都无法在实训中有所体会。

现阶段，很多会计专业的高等院校为实现更好的教学目标，对企业的财会流程进行了全方位的模拟重建，但限于其规模有限、时间短等因素，很难实现预期目标。随着我国改革开放步伐的不断加快和经济发展程度的不断提高，企业对于财会人才的要求也逐渐提高，学生毕业，步入社会以后对学校的教育模式产生一定的反馈信息，因而更加明确了社会的需求。学校通过对用人单位的社会调研可以清楚地了解到企业需要学生具备的基本能力和技能，从而采取更有针对性的教学模式。就当前社会而言，财会本科毕业生业务操作能力低下仍是最突出的问题。

在学校组织的财会实践课中，其计算方法、答案都是确定且唯一的，其教学的目的在于使所有学生都能计算出统一的数据报表。缺乏对学生职业判断能力的培养，是主要弊端。

实践教学所用的模拟数据大都以原始凭证为模板或加以虚拟，或打印出来的纸质数据，学生几乎没有机会亲自填制一个数据凭证，因此这方面的能力比较欠缺。财会工作岗位的适应性不强。据调查，在每年财经类毕业生中，分配在企事业单位从事财会工作的占很大的比例。因此，大批学生亟待解决的是实践能力问题而不是理论知识问题，通俗点说就是到了企、事业单位后如何以最快的速度，在最短的时间适应具体财务及会计工作。虽然市场需要很大一部分财会专业毕业生从事财会实际工作，但目前，我们的课程设置、教学内容和教学方法无法适应这一要求。为了使学生一毕业就能胜任实际工作，缩小理论与实际的距离，在教学期间注意培养学生的实践能力是完全有必要的。通过财会实验教学，能够使毕业生走上工作岗位后很快适应各行业财会工作的需要，满足用人单位的要求，这是因为财会模拟实践教学的内容就是企、事业单位具有代表性行业的经济业务。在财会实训中，缺乏财会具体岗位的定位，这一点限制了学生对整个工作流程的了解。在其具体操作过程中经常忽视如点钞、账本装订等基础能力的练习强化，使得学生毕业后不能立即走向岗位、胜任工作，因此就形成了"高等教育供给"与"市场需求"相背离的就业状况。

4. 教学模式单一

目前的会计教学模式基本采用"封闭型""报账型"的验证性实验教学模式，这种教学模式采用的方法就是将课程安排的实验步骤分派给不同的学生协力完成，或者由个人单独完成整个实验，而后将学生分别独立于一个小的试验场所，单独完成实验。实验结束后要求每个学生具体分析结果并写出报告。这样的教学模式能帮助学生获得一些感性认识或理性经验，加强学生对理论课程的理解。实验对学生要求不高，学生开始都有一种新鲜感和积极性，但一段时间后，由于实验资料单一，实验方式单调，要求和层次也只停留于能够正确地填制凭证、登记账簿、计算成本和编制会计报表等基本技能的训练上，且实验内容千篇一律，在很大程度上限制了学生能力的培养和发挥。

5. 学生能力培养不平衡

训练学生会计计算能力是当前财会实践教学的主流，如会计模仿实验是实践教学的主要方式，它大力训练学生反应、处置会计讯息的能力，其教学重点是处置账务。随着企业竞争日益剧烈与市场经济逐渐繁荣，财会工作也被提出了新的要求，其决断、支撑等治理方面的作用越来越被企业会计讯息使用者及管理者所重视。要想使在学校中完成了财会实践学习的学生的实际能力满足社会的需求，那么当今的实践教育阶段就不能单纯依赖计算型财务治理，因为这种简单的实践教学并不能在训练人才上起到作用。

6. 开发技术或平台落后

之所以大众化的研发用具是首选，是因为早期的研发者并非专业人员以及财会软件规模比较小。虽然当前 WINDOWS 平台有一些财会软件从 DOS 转移而来，但 DBF 文件体制依然限制了大多数软件的研发用具，在功能、性能、安全等方面缺乏 Oracle 等大型数据库管理体系的大力支持。学生没有投入实际工作，只在实验室进行模仿操纵，是导致学生在模仿实验中存在不真实感及缺乏对财会机构内在讯息的直接感觉的原因。

（四）会计信息化人才培养质量堪忧

1. 会计信息化理论缺乏

我国目前现有的财务理论、方法等是在传统财务手工的模式下形成的，会计信息化理论匮乏。理论的缺失导致政策落后，进而使相关的法律法规等发展滞后，致使企业推行会计信息化有所顾虑，制约了会计信息化发展。在互联网时代，信息已经成为投资的资本，逐渐获得经济界的广泛认可。在这个有形资产与无形资产都具备的经济社会，信息资产已经悄无声息地占领了一片江山。制作一个网页链接就相当于创造了一个互联网虚拟企业，网络中无论任何形式的企业都可以实现跨国信息沟通，为其从事跨国贸易提供了可能性。

2. 会计信息化人才缺乏社会化和专家化

面对快速变化的经济环境，会计职业者要不断提高自身素质，培养和提高自身的经营观察力、职业判断力和有效决策力。财务人员可以不拘泥于固定的办公场所，同时有更多的自由时间向其他会计领域转变，部分会计人员将逐步脱离具体单位的具体岗位，实现会计人员的社会化，成为专家化的专业人员。

3. 利用网络技术的能力较弱

会计信息化模式下，财会人员既是会计信息系统的使用者，也是会计信息系统的维护者。会计信息系统是一个人机对话系统，人居于主导地位。会计信息系统的运行需要高素质的财务人员。所以，必须提高财会管理人员的素质，让财会管理人员具备与会计信息系统相适应的思想观念和熟练的计算机操作技能以及计算机软件设计、操作等一系列新技术和新知识。现有财会人员利用网络技术熟练进行业务处理的能力较弱，必须学会软件工程并掌握其设计方法，为会计信息化软件的设计打下基础。

4. 达不到会计信息化人才的培养要求

我国会计信息化人才培养的是高层次会计人才和创新型现代会计人才。所谓高层次人才，一是指既懂外语，又熟悉计算机操作，有实际工作能力及组织才能，善于攻关的人才；二是指懂得经营管理，能运用会计信息协助企业管理者进行决策的开拓性人才。目前，教育界普遍认为，衡量创新性人才的标准有以下四点：①是否有较宽的知识面和较深的理论知识；②是否富于想象力，并具有灵活性和全面性的思维方式；③是否具有开拓性的探索精神和严谨务实的工作作风；④是否有强烈的创新意识。改革开放后，我国经济社会快速发展，对外开放水平不断提高，许多新的行业、新的经济形态不断涌现，并产生了许多新的会计业务，会计信息化人才就属于创新型现代会计人才。

在实行会计信息化的企业中，财务人员的知识结构必须从传统的财务转向会计信息化。而现在大多数财务人员底子较薄、新知识接受能力较差，限制了会计信息化在我国发展的前景以及会计信息系统在企业的普及和有效利用。在会计信息系统下，企业的财务人员利用计算机程序和数据库来编制外部用户所需要的财务报告，仍是他们负责的独特任务，更重要的是，财务人员应更善于解析和拓展系统输出的信息并用于重要的决策，提供对基层经理和职员的业绩控制有用的信息。

（五）会计诚信与职业道德教育存在空白

目前，我国高校会计教学普遍存在重视专业知识教育，忽视会计诚信与职业道德教育的问题，无论是在课程设置上，还是在教材内容上以及教学过程等方面，都普遍存在着许多问题；或者即使有高校开设了会计诚信与职业道德教育课，也基本上流于形式，并未取得实质性效果。具体体现在如下几个方面。

1. 会计诚信与职业道德教育课程设置大部分空白

随着我国社会主义市场经济的不断发展，会计专业作为有很大社会需求的专业得到了较大的发展，许多高校纷纷新增会计专业或者扩大会计专业的招生规模。在此背景下，高校会计类专业的教学计划反映了突出专业课程、提高专业素质的主导思想，而在职业道德教育课程设置上则普遍存在着空白。目前，我国大多数高校都没有专门的会计诚信与职业道德教育课程，而会计专业领域在很多方面都需要会计人员做出自己的职业判断，这就更需要会计人员有坚定的道德信仰，严格遵守职业道德。

会计专业有关道德教育的内容主要涉及与其相关的法律、法规知识。诚信与职业道德教育从形式上由三部分组成：公共基础课的思想道德和法律基础、专业基础课和专业课中的部分章节以及学生管理部门的检查与指导。这三种形式的道德教育具有相对的独立性。但就大多数会计专业院校来说，仅在会计学习的初期阶段安排有限课程来对职业道德及相关法律法规进行学习，根本无法达到培养目的。下面以实例来进行说明。有关社会研究发现，广州地区的会计高等专业院校中，大多数的学校并没有对学生的职业道德培养和相关法律法规的教育予以重视，因而没用安排专门的学习课时。而个别学校虽然在课程安排中加入了有关职业素养的培养和有关法律知识普及的选修课，但鉴于其具有一定的选择性且教学内容大都没有系统的理论知识库，因而也很难实现理想的教育目标。除此之外，极少数院校会在学生毕业参加工作之前安排短期的有关培训，但时间仓促，又未能将学生的专业知识与社会现实真正联系在一起，因此效果欠佳。在会计从业资格考试加入对相关职业道德及法律法规知识的考核之后，学校也有针对性地对课程进行了相应的调整，但这种以应付考试为目的做出的改变，也仅限于适应考试而已。在这种情况下，当学生步入社会，走上工作岗位以后，如果碰上涉及职业道德的问题就会茫然无所适从，而此时如果又有利益诱惑，那么学生的人生便从此失去了光芒，失去应有的社会价值。在缺乏职业道德教育及相关法律知识普及的社会背景下，学生由于意志力薄弱很容易被眼前利益蒙蔽做出对社会和企业不利的事情，同时也不会拥有自己光明的未来。

2. 专门的会计诚信与职业道德教材缺乏

目前，我国有关会计职业道德方面的教材为数不多.尽管随着我国高等教育事业的不断发展，高校会计专业的教材建设取得了丰硕的成果，但适合高校课堂教学的会计职业道德教育的教材并不多，而专门的会计职业道德教育教材更是少之又少，这和改革开放以来道德教育受到忽视有关。会计学专业和其他文科专业以及其他经管类专业相比，专业性较强，自成体系，所以无论是学校还是家长或者是学生，都更加关注会计专业理论知识的学习和掌握。而会计诚信与职业道德教育，则被认为是毕业工作以后的事情了。与此相对应，高校会计专业的教材建设和教材内容普遍存在会计职业道德教育缺失的问题。

3. 会计诚信与职业道德教育的氛围不够

目前，我国的伦理学理论对道德的认识存在偏差，占统治地位的伦理学理论认为道德是约束人们行为的规范总和，而没有认识到道德不仅是约束人们行为的规范，而且也是个人自我实现的手段和完善人格不可或缺的组成部分。对道德本质的认识偏差直接影响到道德教育的形式与内容。职业道德水平直接受个人道德水平和价值观的影响，它们是职业道德教育的基础。在大学基础教育中应通过有关基础教育，反复灌输社会道德和规范，以对学生品德形成起到潜移默化的作用。价值观是后天形成的，是通过社会化培养起来的，家庭、学校等群体对个人价值观的形成起着关键的作用。目前，在我国各大院校会计专业的课程安排上，虽然在公共课程中均普遍开设了相关的伦理道德课程，如思想道德课程、法律基础课程，但实际上在教和学两方面都流于形式，其实际效果并不尽如人意。

总体而言，大部分高等院校没有营造一个良好的培养会计诚信与职业道德的氛围，现有的会计职业道德教育在一定程度上只突出了道德的规范约束作用，只重视告诉学生应该怎样和不应该怎样，但是忽视了会计职业道德不仅是对会计从业人员的约束和限制，也是对从业人员的肯定。其主要体现在学校忽视对学生会计职业道德素质的考评，各高等院校在对学生的考核和评价过程中，主要是以各门专业课成绩为基本依据。学生专业课成绩既是评价学生在校期间表现状况的基本指标，也是学生评定奖助学金、评优、入党的基本依据，还是用人单位聘用毕业生关注的主要内容。由于过分强调学生各门专业课的考试和考核成绩，而忽视对学生综合素质的考核和评价，学生在校学习过程中过分看重专业课考试成绩，忽视会计职业道德及综合素质的培养。这对培养学生的会计职业道德观念不利，最终使学生对会计职业道德没有具体的概念，更难以让学生树立职业道德观念。

4.会计学生缺乏顶岗实习的社会实践机会

一直以来，由于会计与财务资料的重要性，许多单位不愿意为学生提供实训的机会。尽管大部分高校为会计专业学生开设了社会实践课程，但因为该专业的特殊性，很多单位难以接受较多的学生实践与实习，从而使这种校内的会计社会实践课程流于形式，导致学生在高校读书期间缺乏实践机会。而高校大部分会计专业教师或许有着精深的学术知识，但普遍缺少相应的社会实践经验，其本身对会计职业道德的认识和理解就不够深刻，导致会计专业的学生难以将书本上学到的理论知识运用到实践中，缺乏对专业的"感性认识"和对会计职业风险性和多样性的深度理解，从而使学生遵守职业道德的自觉性不够高。因此，高校难以很好地承担对学生进行会计职业道德教育的责任，而把这些责任推向社会，极有可能让学生将来违反会计职业道德等。

5.专业教师和学生的会计职业道德意识不够

道德教育是一个循序渐进的过程，专业教师在教学过程中贯穿职业道德教育内容是一种非常重要的方式。目前，高校缺少专门讲授会计职业道德、会计法规课程的教师，而且会计专业教师在这方面的知识也存在缺陷。具体表现在：

（1）专业教师本身缺乏强烈的会计职业道德意识

在当前大学生就业形势严峻而会计准则体系又遭遇全面更新的情况下，会计教学的任务十分繁重。因此会计教学的主要任务就是学生专业素质和专业能力的培养，而忽视了会计职业道德教育。同时，由于受市场经济大潮的冲击和当前普遍存在的信仰危机的影响，专业教师本身缺乏强烈的会计职业道德意识，也就没有将会计职业道德教育的内容自觉融入教学过程中。或者从教师角度来看，即使开设了会计职业道德教育方面的课程，也是为了应付完成培养目标，基本上将概念、特点等条条框框解释说明完毕就算完成了教学任务，其教学方法单一。

（2）学生会计职业道德意识缺乏

高校专业教育中对会计诚信与职业道德教育重视度不够，导致学生会计职业道德意识缺乏。大多数会计专业学生注重对专业技术知识的掌握，将大量的时间用于专业课程学习或获取各级各类资格证书。在一些开设了会计职业道德教育相关课程的高校，不少学生只是采取死记硬背的方式对付期末考试或会计从业资格考试，难以有深刻的职业道德意识。这将对会计专业学生从业后的职业判断能力和职业分析能力的形成和提高产生不利影响，从而无益于我国会计信息失真问题的解决和市场经济秩序的好转。

第二章 高校会计教学改革背景

本章为高校会计教学改革背景，通过介绍互联网的起源从而引出"互联网+"这一概念。主要从对"互联网+"的正确理解、"互联网+"现代教育的探索以及"互联网+"会计教学发展的研究来充分了解高校会计教学改革的背景。

第一节 "互联网+"

一、"互联网+"的提出背景

（一）互联网的发展历程

互联网首先是基础设施，在其基础上利用信息通信技术将众多节点连接起来，进而形成广泛的网络架构。现在互联网已经不仅是社会的重要基础设施，随着网民的不断增加，其使社会发生了深刻变化。

1. 互联网完全商业化之前的发展

互联网在 1995 年完全商业化之前，即在 1969—1995 年，网民以及使用的范围与领域都有一定的限制，互联网还没有那么普及。这一时期不同领域信息交流的需要和信息技术的发展，推动了互联网的发展。互联网能获得如此快速的发展，主要是得力于信息传播交流的需求。这一阶段互联网主要是因为军事信息传递、科技信息交流、商务信息交流等需要而产生并发展。1995 年 4 月 30 日，互联网完全商业化。人们的日常生活、学习和工作都受到不同程度的影响，虚拟空间与城市空间、网络社会与现实社会之间形成相与促进、共同发展的局面，从而为人类社会的加速发展创造了有利条件。

2. 互联网完全商业化以来的发展

1995 年，互联网完全商业化以后，中国互联网的发展大致分四个阶段：

第一阶段，1995—2003 年，互联网主要是一种社交工具。

第二阶段，2003—2008 年，互联网主要是一种渠道，是交易平台，百度、阿里巴巴、腾讯等一批互联网企业便在此阶段发展起来，支付宝、B2C（Business to Customer，企业对个人电子商务）、B2B（Business to Business，企业对企业电子商务）、P2P（Peer to Peer，个人对个人）、众筹等得以发展。

第三阶段，2008—2013 年，互联网完成了由渠道向基础设施的演进，以"云网端"为主要标志性技术的突破和成熟，使互联网平台迅速崛起，大数据、云计算、物联网、工业 4.0、智慧地球呈快速发展态势。

第四阶段，2014 年至今，互联网已经成为人类离不开的生存空间，已经成为一种新经济范式，并形成依附"互联网 +"的一种新型经济生活方式，是经济社会的一次质的飞越，而且发展劲头正盛。

2022 年，中国互联网络信息中心（CNNIC）发布第 49 次《中国互联网络发展状况统计报告》，截至 2021 年 12 月，我国网民规模达 10.32 亿，较 2020 年 12 月增长 4296 万，互联网普及率达 73%。

（二）经济与社会的发展

互联网在发展历史中也呈现出一定的特点。1995 年以前，互联网的应用领域主要集中在专业和学术上。互联网的真正商业化始于 1994 年，以浏览器技术的出现为代表并迅速波及全球，国内开始引入互联网也正是在这个时候，国内互联网在最近 20 多年内的发展势头非常强劲并深刻影响着人们的日常生活，从窄带发展到宽带，从固定发展到移动接入，都不断方便着人们的日常生活、学习和工作。智能手机高度融合通信和计算两项功能，其自带的应用商店还可以进行各种移动应用的下载和使用，为人们的日常生活带来非常大的便利。人们已经越来越离不开智能手机和互联网。另外，互联网也从简单的收发邮件发展成融合阅读、下载、浏览等多种功能的社交平台，为人们的日常社交提供便利，用户人数与日俱增。互联网技术及其应用已渗透到社会的各个角落。现在，互联网发展进入一个全新的时期，即如何面向企业进行拓展而不局限于个体网民，以及如何实现产业互联网的发展而不局限于消费互联网。"互联网 +"行动计划就是在我国经济与社会发展呈现新常态的背景下提出的，具有促进产业转型升级、刺激消费、推动就业创业，以及提升政府治理能力的积极意义。"互联网 +"行动计划受到社会各界的广泛关注，掀起了信息化与工业化融合的热潮。

未来，消费互联网的发展趋势将是产业互联网。任何一个产业的更新换代都将受到互联网的制约和推动，并且泛互联网化将成为每一个产业发展的必然特征。

随着信息通信技术的不断发展和应用，各种创新形态演变和行业新形态将会不断涌现，并形成一个相互作用、相互影响、相互推进的关系网，这将给传统产业带来颠覆性的改革。综上所述，传统行业的转型并非简单地进行"互联网+"，还要将互联网进行深刻的渗透和融入。在未来的信息社会，网络将是经济社会转型的重要动力。除此之外，数据、计算、知识等也将为社会转型带来极大的推动作用。"互联网+"产生的融合应用是一种"化学反应"，将会推动经济社会走向倾覆式的创新。

（三）"互联网+"的提出

2012年11月份，在易观第五届移动互联网博览会上，易观国际董事长于扬首次提出"互联网+"的概念，同时他还指出："互联网+"是移动互联网产生的根源和基础所在，它可以将产品和服务进行多屏全网连接。他的发言让人们更多地开始关注和讨论"互联网+"将怎样改变金融服务模式、"互联网+"将给传统企业带来怎样的变革等一系列话题。

2014年11月，李克强总理在首届世界互联网大会中发言，将互联网定义为一个为大众提供创业和创新服务的工具。"互联金融"也是由李克强总理在2014年首次提出的。

2015年3月，李克强总理在召开的十二届全国人大三次会议中提出"互联网+"行动计划，从而在国家政策的高度上给予云计算、物联网、移动互联网以及大数据与现代创造业进行结合的高度认可，并为工业互联网、互联网金融和电子商务的发展创造了有利条件，加快国内互联网企业向国际进军的步伐。

同时，李克强总理还首次提出"应该将'互联网+'概念融入国家的经济顶层设计中"，这对中国经济的发展和创新具有划时代意义。"互联网+"是一种新型的经济形态，使生产要素之间得到充分的优化和集成，各个经济社会领域都需要充分发挥互联网创新的优势，加速生产力和创新力的发展，从而促进经济社会的快速转型。

2015年7月，经李克强总理签批，中华人民共和国国务院印发了《关于积极推进"互联网+"行动的指导意见》（国发〔2015〕40号）（以下简称《"互联网+"指导意见》）。

2015年12月，在第二届世界互联网大会上，中国互联网发展基金会联合百度、阿里巴巴、腾讯共同发起倡议，成立"中国'互联网'联盟"。

2016年5月，教育部、国家语言文字工作委员会发布《中国语言生活状况报告（2016）》，"互联网+"入选十大新词和十大流行语。

由此可见，2015年李克强总理提出的"互联网+"行动计划促进云计算、物联网、大数据和移动互联网对现代制造业产生更深远的影响，为互联网金融、工业互联网和电子商务等众多领域都提供了全新机遇。"互联网+"开始真正进入人们的视线，并对人们的生活方式产生重大影响，进入中国老百姓的生活，进入中国经济与社会发展的各个领域。

二、"互联网+"的内涵与特征分析

（一）"互联网+"的内涵解析

1. "互联网+"的概念界定

"互联网+"将互联网创新成果渗透到经济社会的各个行业和领域中，使生产力和生产效率都得到质的提升，为实体经济的创新提供了技术支持，促进了以互联网为前提的经济社会发展新形态的建立。

《关于2014年国民经济和社会发展计划执行情况与2015年国民经济和社会发展计划草案的报告》如此定义"互联网+"：是一种新的经济形态的表现，它可以优化和集成生产各要素，并在经济社会的不同领域中融入互联网的创新成果，使实体经济的创新力和生产力得到较大的提升，并促进以互联网为前提的新的经济发展新形态的建设。

企业界对"互联网+"也有一些具有代表性的定义。例如，腾讯董事局主席马化腾于2015年在《关于以"互联网+"为驱动，推进我国经济社会创新发展的建议》中提出："互联网+"是指利用互联网的平台、信息通信技术把互联网和包括传统行业在内的各行各业结合起来，从而在新领域创造一种新生态。

2015年3月12日，阿里研究院发布的《"互联网+"研究报告》提出，所谓"互联网+"，是指以互联网为主的一整套信息技术（包括移动互联网、云计算、大数据技术等）在经济、社会生活各部门的扩散、应用过程。其在内涵上根本区别于传统意义上的信息化，而是重新定义了信息化。"互联网+"有效地促进传统产业的在线化和数据化进程，需要将互联网这一基础设施进行普及。只有将互联网作为基础设施和实现工具进行广泛和普及，才能将其优化和集成生产要素的优势充分彰显出来，并在经济社会的各个领域中更好地融合互联网的创新成果和创新优势，使实体经济的生产力和创新力得到有效提升，并促进经济发展新形态的构建。它是以信息经济为主流经济模式，是"创新 2.0"下的互联网与传统行业融合发展的新形态、新业态。

综合上述定义，可以将"互联网"定义为：它是互联网思维进行实践化，并在经济社会各领域中融入互联网的创新成果，推动传统行业与互联网的深入融合和相互渗透；它建立在信息通信技术基础之上，并引起传统经济社会的全面变革，带动生产效率的提升、生产技术的进步以及经济组织形式的变革，使实体经济的生产力和创新力都得到有效提升，从而促进经济社会发展新形态的构建。

2. 对"互联网 +"的正确理解

"互联网 +"是"互联网 + 传统产业"，是在传统行业的基础上融合信息通信技术和互联网平台，并以此进行经济社会新形态的构建。"+"则是一种联合和结合的含义。因此"互联网 +"由两个因素构成：一个是互联网；另一个是其他传统产业。它是为不同产业发展所制订的行之有效的计划，而完成这一计划的重要手段是结合传统产业与互联网的优势和作用，而且"互联网 +"概念具有整体性特征。它的目标是促进传统产业的升级和换代，并在传统产业中结合平等、开放和互动的互联网特征，以及在大数据的分析和整合作用下，形成清晰的供需关系，从而促进传统产业的产业结构以及生产方式的变革，为经济发展提供新的机遇和动力，为国民经济的健康、快速发展保驾护航。正确理解"互联网 +"必须对以下几点有清醒的认识。

（1）避免把"互联网 +"仅仅看作一个工具

要正确理解"互联网 +"，一定要走出狭义的工具论误区，应该把生态性作为"互联网 +"不可缺少的一项重要因素。它是建立在互联网技术和互联网平台的基础之上并通过渗透到传统行业中发挥作用的。"互联网 +"代表一种新的经济形态。它将起到改造传统行业业务模式、创新传统经营理念、提升实体经济创新力和生产力的重要作用，并促进经济社会发展新形态的建立。

（2）人人"互联网 +"的观点

"互联网 +"的到来，使每个人都有一个"互联网 +"，任何网民的时间、空间、生活、关系、职业等现实世界的一切与网络世界不可分割地成为一个整体。每个人都可以对"互联网 +"给出自己的定义并进行解读。重要的是在"互联网 +"这个潮流中，每个人积极拥抱"互联网 +"，主动适应"互联网 +"的改变，主动运用"互联网 +"改变自己、改变社会。

（3）"互联网 +"不仅仅是连接，更是跨界融合

"互联网 +"的特质是"跨界融合，连接一切"。如果连接一切代表了"互联

网+"和这个时代的未来，那么跨界融合是"互联网+"现在真真切切要发生的事情。

（4）用生态、联系的观点看待和解读"互联网+"

它是一种重要的生态要素，因此在认识和了解它时要从它的全局性、系统性和协同性角度出发，而"互联网+"可以联系任何一个传统行业，如教育、医疗或者是物流、交通、金融等，但是想要全面认识"互联网+"并非将两者简单相加就可以，而应该在信息通信技术和互联网平台的基础上融合传统行业和互联网，从而创造新的发展生态。

"互联网+"是综合互联网平台和互联网技术，融合互联网和传统行业，提高生产效率和生产力，从而促进新的价值和新的发展生态的形成。开放自由的互联网思想是"互联网+"产生的前提和基础，它将对人们的产业运行模式、社会发展形态和个人生活模式的变革产生重要影响。它是中国工业化转型时期的重要产物，将对传统制造业、服务业、金融业和物流业带来新的动力，促进其升级换代。

"互联网+"代表一种全新的经济形态。它将促进传统行业模式的创新、生产要素配置的优化、实体经济创新力和生产力的提升以及经营理念的创新，为经济发展创造新的增长点。

（二）"互联网+"的核心特征

为了全面透彻理解"互联网+"的精髓，必须站在时代的高度去考察和分析，关注"互联网+"的核心特征。

1.跨界融合

"互联网+"是一种全新的变革，是一种开放的发展态度，更是一种跨界发展的创新思想。当然融合也是"互联网+"的一个重要意义，客户不只是客户，还可能是投资伙伴、合作伙伴。通过融合，行业的适应性和开放度都得到较好的提升。若每个行业都能很好地融入互联网思想，将极大地促进传统行业的更新换代，焕发出新的生产活力。互联网的发展和普及必然会影响其他产业的发展，这也将是经济社会未来的一个发展趋势。跨界思维是互联网不可或缺的一个理念，而并非只是为了跨界和创新需要。

"界"既是指思维观念之间的界限，也是指行为方式之间的界限。"互联网+"也好，"一夜跨界"也罢，其体现的是一个系统重组能力的大小。这又完全区别于多元化发展，不仅是指不同领地之间的跨界，也并非单纯的行业延伸，而是体现出对组织和系统的一种重组力量。跨界的本质也并非简单的物理定义，而更应该从企业的内部资源整合进行调整，并对系统结构和组织边界进行必要的突破和重组。这需要有强大的系统再生能力和系统重组能力的企业来完成这一任务。

跨界不仅需要颠覆传统的对外商业模式，更需要颠覆组织内部系统；跨界不仅要体现在思维和战略上，更需要体现在系统调整上，如此才能做到高效跨界，发挥出跨界的魅力。若组织不具备一定的协同性与融合性，则将无法取得良好的跨界成效，影响其创新能力的发挥。具有柔性化、协同化、动态化的内部组织，并具备一定的灵活性，跨界才能顺利完成。

2. 创新驱动

现今是一个数据经济时代，也是一个信息经济时代，甚至还是连接经济时代。无论怎样，时代总是在动态发展的，时代发展到任何一个阶段，都有特定的因素影响其发展进程。随着时代的变迁和社会的进步，国内粗放型资源驱动增长方式的不足越来越凸显，需要一种新的增长方式。这就要求对垄断性的条框和格局进行突破，为创新创造营造外部环境，发展促进生产力发展的因素，从而使得环境和条件有利于协作、融合和跨界。这也是互联网的意义所在，在互联网思想的引导下，更好地激发创新思维和发展创造能力。

2015 年 3 月，国务院提出了"国家发展全局的核心是科技创新"的论断，并要求加速改革经济社会领域和科技体制，创新商业模式、组织、品牌和管理，促进军民融合，促进开放创新、科学创新、制度创新的发展。

目前，国内正处于创新驱动发展转型时期。突破传统机制的限制，最大限度地发扬创造精神，促进协调创新、跨界创新和融合创新的发展，也是"互联网＋"发展的一个重要态势。

3. 重塑结构

重塑结构起源于互联网时代。互联网时代和信息革命都对传统的关系、文化、经济和社会产生巨大的冲击，重塑结构的同时，也催生出更多的要素，如连接、规则、对话、权力以及关系等。

互联网使用户、股东、服务者和伙伴等身份可以相互转换，这是对关系结构的一种重塑，它使人们不再受地理边界的限制，并且重新定义管控模式和游戏规则。与此同时，商业模式也在不断地发展变化，企业也不再仅仅着眼于消费者需求，更多的是进行关系、连接的转换。互联网给人们提供更加对称的信息资源，突破物理边界的限制，从而出现信息的民主化、创造的民主化和参与的民主化等。不确定性成为互联网社会的一个重要特征，分享和共享成为一个重要标志。企业管理者也开始关注卷进式设计和接触点设计，品牌传播和商业运营也开始讲究注意力的集中和引爆点的发现等。

互联网开始重新定义合作、雇用和组织等关系结构。现实世界和虚拟世界被分裂开，动态自组织、自我雇用、自媒体成为互联网的代名词，并且个人可以定义连接的协议。

互联网的出现使社会交易成本大幅度下降，使全社会的运营效率得到提高，移动终端已经成为人类发展不可或缺的一个重要命脉。各种用户对移动互联网的需求旺盛，人们不但可以通过移动互联网满足自己的购物需求、娱乐需求、信息需求、通信需求以及传播需求等，还能参与设计、创新、传播和内容创造；同时，还可以参与管理，如物流评价、购物体验评价等，都是进行侧面管理的体现。

4. 尊重人性

人性是人们与生俱来的一种基本属性，因此互联网将尊重人性放在第一位，对人性的尊重、对用户体验的尊重、对人创造性的尊重都给互联网的发展和普及提供了条件和基础。通过尊重人性、透视人性而催生的分享经济、开展合作、满足需求等都是人性的体现。人性是最小的单元，也是最后逻辑的出发点。任何互动和平台的建立都是从人性的角度出发进行设计、思考、开发和运营的。

创新驱动不但是对机制的改革，也是对机制的重构，从而重塑协作生态、创业生态和创新生态，从另一个角度来看，这也是一种对人性的尊重。

5. 开放生态

生态具有一定的开放性。只有对生态进行优化，才能更好地进行创业、创新，才能做到跨界融合和协同，使格局更加开放。

无论是企业，还是行业，都需要先做好内部生态的优化，然后才可以对接好外部生态，使生态更加具有融合性，实现产业和研发的连接、技术和金融的连接。商业的未来发展趋势必然是部分边界不受限制。因此，未来企业跨界能力的大小将受其生态性、开放性影响。若缺乏开放性，则不能有效统筹跨界战略，对新的商业模式的思考和设计也无法体现。

为了确保融合性，需要先具有一定的开放性。只有开放的生态系统才具备共通点，才能进行跨界。除此以外，还可以进行跨界合作规则的探索。企业内部生态圈的延伸将是未来跨界的重要依据，只有协同交互与融合外部生态系统，才能使跨界激发创新和创造。

我们倡导大众创业、万众创新是为了促进创新型小微企业的孵化和培育，并为其成长为骨干企业而创造条件，为经济发展带来新的机遇。在这一目标中，创新、创意和创业成为最重要的因素。精心的设计，要素之间连接性和能动性最大限度的发挥，都将是生态构建的重要条件。生态系统内外都需要进行一定的信息交换，因此，开放性也是生态构建的必备因素，而独立、尊重和个性的存在，能确保生态系统内外各要素之间进行分享、融合与交互。

6. 连接一切

对"互联网+"的理解，需要正确认识它和连接之间的关系。连接是跨界、创新和融合的前提与基础，是一种存在形态和对话方式的体现。若缺少连接，"互联网+"将不复存在。

连接具有不同的层次，连接性也有所不同，因此会产生不同的价值。"互联网+"的最终目标是连接一切，而这少不了技术条件（如云计算、物联网、大数据以及互联网技术）、各种场景、各个参与者（如平台、行业、系统、人、物）的信任等各种要素的参与。其中，最为重要的则是信任。互联网为人们提供更加全面的信息，可供人们选择的连接节点也非常丰富，而对人们选择节点影响最大的因素则是信任。只有产生信任，才能使连接无所不在，才能防止信息的封闭和阻塞。

三、"互联网+"的主要内容

"互联网+"的核心是企业与互联网融合产生新的发展模式，企业的"互联网+"不是简单地与互联网相加，也不是简单地建网站、做APP，这些都是表面的东西，不是"互联网+"的核心。"互联网+"普及工程推进单位——鸭梨科技认为企业"互联网+"的核心是搭建互联网生态圈，将企业网站、手机站、微站、APP等互联网元素联系起来，组成一个生态圈，相互联系、相互沟通，发挥聚合作用。具体内容可分为以下四个方面。

（一）提高实体经济创新力和生产力

大力推动互联网与产业融合创新发展，重点围绕智能化生产，网络化供应，农村一、二、三产业融合发展等领域，鼓励和支持传统产业积极利用互联网技术、平台及应用，创新产品与服务，优化流程和管理，打造产业智能服务系统，打通生产、流通、服务等环节，有效提高生产效率，形成网络经济与实体经济联动发展新态势。

（二）形成新的经济增长点

以更加包容的态度、更加宽松的环境、更加良好的政策，加快培育基于互联网的融合型新产品、新模式、新业态，打造"互联网+"新生态。积极培育人工智能产业，大力发展智能汽车、智能家居、智能可穿戴设备等消费型智能产品，加大推广以互联网为载体、线上线下互动的新兴消费模式，加快发展互联网金融、网络创新设计、大规模个性化定制等，形成拉动经济增长的新动力。

（三）提升社会管理和民生保障水平

要提升社会管理和民生保障水平就要推动互联网与教育、医疗等方面的深度融合，创新公共服务方式，加强在线服务平台建设和公共信息资源共享，推动优质资源向社会开放，促进公共服务均等化。同时，要加大政府对云计算、大数据等新兴服务的购买力度，完善政府在线服务和监督模式，提升城市管理和便民服务水平，依托互联网平台构建社会协同、公众参与的社会治理机制。

（四）提高互联网应用支撑能力

要提高互联网应用支撑能力，需要推进国家新一代信息基础设施建设工程，大幅提升宽带网络速度，努力建立和形成人人共享、安全可信的信息网络。加快5G业务的发展，优化数据中心，加快下一代互联网商用部署。提升移动互联网、云计算、物联网应用水平，加强与工业、交通、能源等基础设施的融合对接，夯实"互联网+"的发展基础。

第二节 "互联网+"与现代教育

一、互联网+教育的概念和功能

要建立互联网+教育，我们必须对互联网+教育的概念、功能有正确的认识，同时，建立互联网+教育的标准，使我们的研究始终沿着正确的轨道前进，并且少走弯路。

（一）概念

互联网+教育主要是指通过互联网进行的学习与教学活动，它充分利用现代信息技术提供的具有全新沟通机制与丰富资源的学习环境，构建一种全新的学习方式。这种学习方式将改变传统教学中的教师作用和师生关系，从而从根本上改变教学结构和教育本质。具体地讲，互联网＋教育的概念包括以下几点：

①通过网络形式进行教育和相关服务。

②它是通过网络进行的一种全新的学习方式，并且不受时间和地点的限制。

③教师的作用发生了改变，从而改变了教育的本质。

④有助于提高学生的分析能力。

⑤能很好地实现某些教学目标，其效果要优于课堂教学的效果。

⑥不会取代学校教育，但会极大地改变课堂教学的目的和功能。

（二）主要功能

互联网＋教育的主要功能可概括为以下几点：

①打破了时空界限，学习者可以在任何时间、任何地点开展学习。

②学习资源极大地丰富，远远超出现代学校教育的规模。

③以自主学习为主，改变了传统的教学方式。

④学习者自由选择学习课程，课程设置多样化。

⑤学习效率极大提高，学生的潜能进一步得到开发。

⑥教师作用发生转变，由教学转为学习指导。

⑦充分展示学生的个性，统一的学制将被打破。

⑧学校仍然是教育的外在形式，评价方式发生了转变。

互联网＋教育不仅仅改变了学习方式，还将改变人们对教育发展模式的认识，使教育发展进入一个全新的时代。

研究互联网＋教育的功能和内涵，目的是使我们认清互联网＋教育发展的方向，避免盲目投资，盲目发展。从商业角度来说，如果发展思路不对，投再多的资金都会打水漂；从国家发展战略来看，我们可以清楚地了解互联网＋教育的发展方向，冷静地看待国外的做法，而不要盲目学习模仿。互联网已经走入人们的生活当中，在工作、学习、生活中展现出不同的作用。在教育教学当中，互联网一样能发挥巨大的作用，但是互联网在教育教学中的作用常常被忽视，或者被简单地总结为资料下载。这是对互联网技术的不了解，也是对教育教学缺乏创新与探索精神所造成的网络教学资源的浪费。

二、"互联网＋"背景下教学资源的更新

随着互联网的发展，教学资源也在不断更新变化，网络教学资源应运而生。网络教学资源是指利用计算机技术，经过数字化处理，以信息化模式存在网络中，

对教学有价值且能够展现相关知识内容的各类资源文件。

随着网络教学平台的不断开发，依托于计算机技术的网络教学资源优化是现代教育发展的要求和必然趋势。网络资源具有丰富性、灵活性和开放性等特点，使得课堂教学变得更加多样、便捷，学生更容易接受知识。

网络教学资源一般可分为开放性共享资源和有使用权限的资源。所谓开放性共享资源是指由众多网络使用者自制并发布在网络中，任何人都可以免费下载使用和传播的资源，比如由教师自制并发布在网络中的素材、课件、教案等资料。而有使用权限的资源是指使用者需要在购买使用权限后才可以访问的教学资源。

高等学校在教学发展过程中都非常重视网络教学的发展，通过建设数字化、网络化教学平台积累了大量实用价值较高的各类教学资源。高校应借助计算机网络技术的更新发展，结合自身的教学理念和教学方法，促进网络教学资源的不断优化，提高高校整体的教学质量。

网络教学资源的应用充分发挥了计算机网络技术快速发展及资源共享的优势。高质量的网络教学资源是开展网络教学的根基，提高网络教学资源的内容质量是高校当代教学成功的关键。

（一）网络教学实现的目标

随着国家现代网络教学的开展，现代网络教育得到了迅猛发展，网络教育教与学的模式都与传统的课堂中心模式有很大的不同。它强调以学生为中心，尤其突出学生的自主学习能力在整个学习过程中的基础地位，强调个别化的自主学习模式，通过计算机网络、卫星电视、现代通信等远程传输媒体开展自主学习。自主网络教育的办学机构应从培养和开发自主学习能力入手，帮助学生顺利完成学业，从而培养合格的高等人才。自主学习能力是实现终身学习的必备条件，学生自主学习能力的培养贯穿于教学的各个环节。在网络教育模式下，教育应突破传统的课程教学讲授模式，借助网络教学资源的多样化、现代化，使教学支持模块化课程内容，增强教学内容的灵活性和实用性，将知识和技能有机地融为一体；利用网络资源，使教学满足学习基础不同、发展需求各异的学生的需要，从而有效培养学生自主学习的能力。

发展网络教学是我国教育适应新的经济形势和社会发展的需求，是推进教育大众化的必然趋势和有效途径，建立一种整体优化的网络教学模式是实现网络教学发展目标的重要前提。

继续教育、终身教育是一种新的教育思想，体现这种思想体系的就是终身教育体系。现代信息技术支持下的网络教学将以其无法比拟的优势，积极实现构建终身教育体系、形成学习化社会的目标。

（二）网络教学资源的优化

网络教学资源的应用和开发充分展现了现代计算机网络技术及资源信息共享的优势，把计算机技术的智能化、多媒体化、实时化优势发挥到极致，使得其具有传统教学模式所无可替代的优势，符合高校教学改革的主流。构建网络教学资源平台有利于教师利用网络资源组织教案，更好地进行教学，使教学具有较强的互动性，为教学质量的提高奠定坚实的基础。

利用网络资源改善学习环境，是现代教学的必要手段。高质量的网络资源是提高现代教学质量的重要基础。同时，网络教学资源的建设也是一个长期的、反复的、与时俱进的过程，需要时刻依托计算机新技术进行管理和更新。

（三）网络教学资源的实现

网络教学资源的实现涉及具体学科资源、技术支持等问题，是一项复杂而长期的系统工程，其包含网络教学资源管理平台的建设和网络教学资源本身的建设两个方面。

利用网络资源进行教学的巨大优势在于可实现教学资源信息的共享。教师通过搜集与教学内容相关的各类教学资料，制作适应本课程教学计划的课件，同时亦可共享至网络，为其他需求者提供有利的资源。

1. 网络教学资源管理平台的建设

由于各教学学科知识更新的速度较快，教学资源的丰富速度也必须跟上步伐。实现这个目标就需要一套完整的制度，确保网络教学资源建设的有序开展。高校应该制定相应的规章制度，将网络教学资源建设作为学校日常工作来开展。

网络教学资源管理平台必须实施有效的教学行为和教学管理行为，教师作为教学活动的直接执行者，在教学活动中起着主导作用，主要完成教学活动设计、教学活动开展等具体的教学工作。学生作为教学活动的主体，应积极实施各方面的学习行为。例如，现在高校中都在建设使用的数字化教学平台，实现了教师和学生远程互动教学，教学距离远了，但教学面拓宽了，师生互动变得更加方便和有效。因此，网络教学资源平台建设必须保证在网络环境下教与学有效地实施与结合。

网络教学资源有诸多形式，因此其管理平台也应着重对不同类型的资源进行高效管理，同时对资源的应用进行有效的管理。

2. 网络教学资源建设

网络教学资源一般由专业的计算机技术人员或学院一线专任教师来制作。由专业计算机技术人员制作的资源内容形式多样，资源建设标准且美观，但不足之处是对教学资源等内容缺乏了解，导致资源建设不能有效地符合教学需求。而由学院专任教师制作的资源虽然弥补了上述不足，但弊端是缺乏相应的计算机技术及多媒体应用技术，因此要求专任教师和计算机专业技术人员相互配合，高效地建设网络资源。

为了保证教师和学生高效地利用网络资源，必须依托计算机新技术，使网络教学资源内容通过一定的方式进行有效的组织和管理。在网络教学中应发挥教师的主导作用，坚持以学生为主体，支持各种形式的教育模式。网络资源要与教学内容紧密结合，真正符合实际教学需求。网络资源在教学中的广泛应用改变了教学过程中教师与学生的地位，教学方法也发生了巨大的变化。利用计算机新技术构建网络教学资源不能改变教育的最终目的，其目的仍然是促进学生的发展，因此一定要把学生的发展作为衡量网络教学资源有效性的核心标准。学生学习能力不尽相同，这就要求在教学中要充分体现学生的主体地位，根据学生不同的要求，利用计算机相关技术适时调整教学资源，以满足不同层次学生的学习需要。高校可以利用计算机技术，调控网络教学资源的建设与学生的学习活动，实现对网络教学资源的动态调控。

高校利用网络资源进行教学活动的目的是为师生提供丰富且易接受的学习资料，从而使师生更方便、更有效地实现教与学的目标。网络教学资源的建设应以实际应用为导向，从教育教学的实际出发，不断地进行探索和丰富。

3. 网络教学的应用实例——手机微课堂

手机微课堂，顾名思义，就是要利用手机平台，因此要求手机系统平台的先进性能满足微课堂的需要。微课堂分为微博课堂、短信课堂和互动微信课堂三种形式。

手机微课堂的前身是网络课堂，网络课堂是基于互联网络的远程在线互动培训课堂。一般系统采用音频、视频传输，以及数据协同等网络传输技术，模拟真实课堂环境，通过网络为学生提供良好的培训环境，其标准使用状况是学员在连接互联网的计算机上安装网络课堂客户端软件或直接使用浏览器，再使用由网络课堂管理者提供的学员账号登录客户端，即可参加由培训学校提供的在线培训课程。

常见的网络课堂系统应具备完善的教学管理平台，以实现对培训机构、讲师、学员和课堂的管理。一些网络课堂软件甚至提供了课堂数据统计和下载，如学员列表、聊天记录、投票结果等。

微信群不仅可以在课堂上用于教学，在课后更是成为师生之间和生生之间感情交流的纽带。通过朋友圈大家可以发布自己的生活动态，对有意思的说法点个赞或发表看法。特别是在节假日，教师可以利用微信群问候自己的学生及其家人，学生们也会给教师送上节日的祝福。

随着智能手机和平板电脑的出现，以及现代社会人们沟通方式的升级，微信已经成为好友之间进行沟通的新方式，如今这种沟通的方式已经在中小学生中普及开来，很多家长也喜欢用微信与人沟通。因此，学校和教师有必要与时俱进，借助网络提高教育教学效率，把微信应用到学校的教育教学中去。

在网络时代，科技日新月异，伴随着社交网络载体的多样化和多功能化，朋友之间的相互交流形式也越来越多，功能强大的微信就这样应运而生了，而且得到了大家的青睐并发展迅速。现在，微信已不只是一个通信工具，更是一种全新的拉近彼此距离的沟通方式。伴随着微信的流行，一种全新的生活方式正在形成。

虽说网络是一把双刃剑，但互联网的出现对学校的发展有着重大的作用，这是毋庸置疑的。互联网经过几十年的发展，进入了目前的微时代，微时代中的"微"，已经不是"细小、轻微"的意思了，而是代表了"微言大义"。不得不说，微博、微信、微视频、微课不仅给传统的互联网应用带来了革命性的冲击，更在社会教育中产生了不小的影响。

微信的出现给在网络环境下的学生提供了一个崭新的学习平台，微信在学校的教育教学中发挥着不可估量的作用。

（1）微信有助于促进师生之间的交流和沟通，建立起新型的师生关系

微信在师生之间架起了一座心与心沟通的桥梁。也许一开始与教师用微信沟通时会有所顾忌，但只要教师放下架子，以朋友的身份与学生交往，学生自然会接受老师的。通过微信，学生可以不用和教师见面就能敞开心扉地与其交流，倾诉自己在生活和学习中遇到的问题。通过微信，教师也可以了解学生的学习和生活，与学生主动沟通，解答他们心中的困惑，从而建立起新型的师生关系。

（2）微信能促进学生之间的交流和评价

微信朋友圈可以让同学们看到大家所分享的图片、文字或者音乐，大家还可以对这些内容进行点评。朋友圈就是同学们一起分享生活点滴的平台。由于微信还提供了发送语音、视频的功能，如果同学们之间有什么话不好意思当面讲，那就对着手机说出来，像发送短信一样发送给对方。目前，微信已成为同学间日常沟通和交流的一种工具，而且不论是周末、节日或是寒暑假，人们都在用微信交流，同学们通过交流和评价，增进了友谊。

（3）微信能够让学生增长课外知识、开阔视野

学生要得到全面发展，不能局限于学习课本上的知识，很多知识来自课外。用微信交流使学生学习的时间和地点不受限制，当学生遇到疑难问题或者对某个问题有想法时，可以随时随地将之发到微信上，和教师、同学进行讨论。另外，教师也可以利用微信平台强大的分享功能，将网络上丰富的教学资源使用推送等功能，快速与学生分享，开阔学生的视野。

移动微课堂作为在微课推进过程中产生的适应时代发展的产物，具有很强的先进性。如今我国正在推进教育信息化，在这个进程中，网络学习、移动学习作为新时期教育发展的突破口克服了很多障碍。移动微课堂打破了教学时间的限制，解除了教学主体参与方式的束缚，克服了教学主题过于规范的弊端，是学习主体自主选择的一种学习方式。

学习者关注的学习问题是移动微课堂建设的重要起点。要想推行移动微课堂建设、提高移动微课堂的教师参与度和增强对学生的吸引力，必须坚持强化并不断优化移动微课堂的教学设计，以优秀的教学设计为下一步视频制作奠定坚实的基础。移动微课堂是信息化时代涌现出来的新生事物，所以细化它的教学设计，必须重视对教师的培训，要把信息化环境下移动微课堂教学设计的理论、理念、策略、方法和模式传授给全体教师，并帮助他们熟练地运用，这样移动微课堂建设就有了强有力的人力支撑，为进一步推进信息技术全员化发展奠定了坚实的人文基础并提供了制度保障。如今，移动微课堂已成为教育信息化资源建设的研究热点。

教师和学生在这种真实的、具体的、典型案例化的教与学情境中，可实现教学观念、风格、技能的迁移、模仿和提升，从而迅速提升教师的课堂教学水平，促进教师的专业成长，提高学生的学业水平。

三、互联网 + 教育的本质

（一）教育内容的持续更新

由于互联网具有能够支持海量的数据存储、获取信息方便快捷等优点，能够在高等院校得到师生的支持和发展。它是学子进行知识获取、文化熏陶等学习行为的平台。连接了互联网意味着学生拥有了获取巨量资源的途径和渠道。互联网不仅能在必修课程中起到作用，丰富的选修课程也能通过互联网实现内容的扩大和形式的创新。众多具有独特特点的选修课程出现在各个校园，无疑有助于丰富课堂内容、拓宽大学生的生活视野。

（二）教学模式的不断优化

互联网＋教学形成了网络教学平台、网络教学系统、网络教学资源、网络教学软件、网络教学视频等诸多全新的概念，帮助教师树立了先进的教学理念，改变了课堂教学手段，大大提升了教学效果。而且，更令人兴奋的是，传统的教学组织形式也发生了革命性的变化。正是因为互联网技术的发展，以先学后教为特征的"翻转课堂"才真正得以实现。教学中的师生互动不再流于形式，学生几乎可以随时随地随心地与同伴沟通，与教师交流。在互联网天地中，教师的主导作用达到了最高限度，教师通过移动终端，能即时地给予学生点拨指导，教师也不再居高临下地灌输知识，更多的是提供资源的链接，实施兴趣的激发，进行思维的引领。由于随时可以通过互联网将教学的触角伸向任何一个领域的任何一个角落，甚至可以与远在千里之外的各行各业的名家能手进行即时视频聊天。因此，教师的课堂教学变得更加自如，形式更加丰富。当学生在课堂上能够获得他们想要的知识，能够通过形象的画面和声音解开心中的各种疑惑时，可以想象他们对于这一学科的喜爱将是无以复加的。

（三）学习方式的连续转变

互联网＋学习创造了如今十分红火的移动学习，但它绝对不仅是作为简单的随时随地可学习的一种方式而存在的概念，它代表的是学生学习观念与行为方式的转变。通过互联网，学生学习的主观能动性得以强化，他们在互联网世界中寻找到学习的需求与价值、寻找到不需要死记硬背的高效学习方式，寻找到可以解开他们诸多学习疑惑的答案。研究性学习倡导多年，一直没能真正得以应用和推广，重要的原因就在于它受制于研究的指导者、研究的场地、研究的资源、研究的财力物力等，但随着互联网技术的日益发展，这些问题基本都能迎刃而解。在网络天地，学生可以轻松地对研究对象进行全面的多角度的观察，可以对相识与陌生的人群做大规模的调研，甚至可以进行虚拟的科学实验。只有当互联网技术成为学生手中的利器，学生才能真正确立主体地位，摆脱学习的被动感，自主学习才能从口号变为实际行动。大多数学生都有能力在互联网世界中探索知识，发现问题，寻找解决的途径。互联网＋学习对于教师的影响同样是巨大的。教师远程培训的兴起完全基于互联网技术的发展，而教师终身学习的理念也在互联网世界里得以实现。对于多数使用互联网的教师来说，他们十分清楚自己曾经拥有的知识是以这样的速度在锐减老化，也真正懂得"弟子不必不如师，师不必贤于弟子"的道理。互联网不但转变着教师的教学观念，同样也改变了教师的学习态度和方法。他不再以教师的权威俯视学生，而是真正俯下身子与学生对话，成为学生的合作伙伴，与他们共同进行探究式学习。

（四）教育评价的日益多元

互联网＋评价是另一个热词——"网评"，在教育领域里，网评已经成为现代教育教学管理工作的重要手段。学生通过网络平台，给教师的教育教学打分，教师通过网络平台给教育行政部门及领导打分，而行政机构也通过网络大数据对不同的学校、教师的教育教学活动及时进行相应的评价与监控，确保每个学校、每名教师都能获得良性发展。换句话说，在"互联网＋"时代，教育领域里的每个人既是评价的主体也是评价的对象，而社会各阶层也更容易通过网络介入对教育的评价。此外，互联网＋评价改变的不仅是上述评价的方式，还有评价的内容和标准。例如，在传统教育教学体制下，教师的教育教学水平基本由学生的成绩来体现，而在"互联网＋"时代，教师的信息组织与整合能力、教育教学研究成果的转化能力等都将成为教师考评的重要指标。

总之，随着"互联网＋"被纳入国家战略的顶层设计，"互联网＋"时代正式到来，教育工作者只有顺应这一时代变革，持续不断地进行创新，才能走向新的境界和高度。

四、"互联网＋"下教育改革的原则与动因

（一）"互联网＋"下教育改革的原则

1.开放性原则

"互联网＋"让教育从封闭走向开放。首先，"互联网＋"打破了学习的时空限制，让课堂从封闭走向开放。当代倡导终生学习和全方位学习，获取知识不再局限于学校教育阶段，非正式学习变得愈发重要。其次，为了使学习者获得终身学习的能力和实现在不断发展变化的社会中全人发展的目标，学校课堂必须从课内延伸到课外，充分利用信息资源和信息技术，拓展教学空间和丰富教学形式，采用线上交流与线下沟通补充、课内相互探讨与课外研习自修的混合学习组织形式来实现跨时空教学和课堂教学功能的拓展。在"互联网＋"时代，人人都能创造知识，人人都能共享知识，知识信息日益朝着开放共享的方向发展。知识是人类共同的财富，免费、开放地获取教育机会是人类的一项基本权利。开放与共享

教育资源有利于普通民众便捷、免费地获取丰富优质的教育资源，有助于教育公平的实现和教育质量的提升。"互联网+"时代教学方式变革要秉承开放共享的理念，为促进教育公平和教育质量的提升多做努力。当前，世界范围掀起的慕课热潮就是实践开放共享理念的典范。最后，"互联网+"时代，学科之间要深度融合。传统的单科或分科教学方式已背离了学科发展的方向，要实现学科整合，实行综合教学必须坚持开放原则，注重知识间、学科间的横向联系，在尊重学科知识内在逻辑规律的基础上构建拓展性和脉络化的学科知识谱系。

2. 自主学习原则

"互联网+"时代，知识信息更迭速度快，学习资源得到极大丰富且日益走向开放与共享，教师的"先知"权威已不复存在，传统的以传授知识为目的的教学方式已不能适应时代的发展，学会学习比掌握知识更重要。因此，"互联网+"时代教学方式变革的核心是培养学生的自主学习能力。

培养学生的自主学习能力要做到以下三点：第一，构建有助于学生发展的教学环境。健康的心理环境和温馨和谐的学习氛围对学生开展自主学习至关重要。教师要创造富有激励性的学习环境，为学生提供尽可能多的学习支持，共同加强对学生的引领和指导，使教学过程成为共同探究、多元互动和深度思考的过程。第二，贯彻"教学合一、教学并重"的理念。"教"因"学"而益深，"学"因"教"而日进。师生之间应该建立相互尊重、共同成长、相互促进的关系才能真正促进自身的发展。在传统教学方式中，教师拥有绝对权威和话语权，无须主动改变自身教学方式来回应学生的需求，因而导致学生被动学习，缺乏学习兴趣。"互联网+"时代，教师应该将自身一部分的主体行为权力主动地让渡给学生，让教学话语权从独享走向共享，削减讲的成分，增加学生主动学的部分，使课堂向"学堂"转变。第三，注重学生自身的研习自修。"互联网+"时代，倡导终身学习和全方位学习，人们的学习不再局限于学校教育阶段，教育的重点在于学习者学力培养和养成教育。学习者只有不断提升自身研究性学习和探究性学习的能力，逐步掌握分析问题和解决问题的方法，促进自身知识的迁移和能力的发展，才能应对不断发展变化的社会挑战。

3. 发展性原则

一切为了学生的发展是"互联网+"时代教学方式变革的根本目的。学生的发展既包括全体学生的共同发展，也包括学生个体情感、价值观、兴趣爱好、技能等的全面发展。教学过程是学生认知与情感、态度、价值观交互发展的过程，也是整体生命成长的一部分，因此学生的发展要看成学生整体生命活动。具体来说，不但要关注学生外在能力的培养，更要关注学生良好情感、态度、价值观的养成。"互联网+"时代教学方式变革的着眼点不能仅放在学生知识技能的培养上，从而遮蔽了学生的个性，抑制了学生的情感发展；而应该更加注重学生的身心健康，关注学生的个性成长，注重学生的价值养成，并不失时机地给予关心照顾，使学生学有所得、学有所长。还要利用"互联网+"时代学习资源的丰富性，努力挖掘学习资源中的隐性教育因素，使之成为学生发展的物质和精神食粮。

4. 融入信息化元素

信息化技术助力课堂教学，为教学提供开放、多元化教学环境以及支持性学习条件。

（1）创设开放与多元化的教学环境

现代技术飞速发展，课堂教学能够运用的技术条件丰富多彩，课堂不再局限于某一个特定的学校或教室，课堂界限逐渐消失，教学将延伸到校外，并且在网络虚拟世界中学习以及与虚拟世界中的人合作学习变得越来越重要。通过课程与信息技术整合，可以为学生创设开放与多元化的教学环境，从而助力实现师生共同探究、协作发展的新型教与学方式的转变。

（2）创建开放与共享的教学资源

教学资源是教育教学实施的基础，教学资源的有效性是教学有效性的决定性因素。传统教学被人诟病的一个重要原因就是教师开展教学主要是基于教材进行的，教材成了教学的主要资源。然而，相对于社会而言，教材知识总是滞后于社会发展的，这就导致了学生所学知识脱离了自己生活的真实情境，学生学无所用。"互联网+"时代，新兴信息技术的飞速发展使教学方式多元化和学习资源多样化，教育生态彻底从封闭走向开放。人人创造知识、人人共享知识丰富了学习资源的数量和种类，拓宽了人们的学习途径、学习视野和学习方式，使学习更加自由、更加自主。

（3）促进课堂交流的深度互动

课堂是师生在教学的过程中去审美、认知、交往和综合发展的互动过程，课堂教学离不开互动。信息化背景下的教学，不再是单项信息叠加式知识传授，而是基于教学要素（教师、学生、资源、媒体）的信息交换与分享。教师要鼓励学生进行成果的分享和经验的交流，引发学生思维观点的碰撞，点燃学生智慧的火花。同时教师要为学生提供畅通的信息交流通道和机会，使学生能多层面进行信息交换，多视角进行观念沟通，养成深入思考的学习习惯。

（二）"互联网+"下教育改革的动因

1. 教育需求和问题是变革的根本动因

任何社会变革都是在一定的社会需求和社会问题的刺激驱动下开始的，教学方式变革也不例外。对于如何理解"互联网+"时代教学方式变革的发生，存在两种分析思路。第一种，任何特定的历史时期都会对当时的教育提出发展目标，教育需求是在一定的社会环境下发生的，二者相交即形成教育发展期望；"互联网+"对当前社会各领域产生了极为深刻的影响，给传统教育带来了巨大挑战。传统教育如果此时不进行变革和创新，那么它一定会阻碍社会的发展。一旦人们意识到社会新的需求后，就会千方百计地寻找变革的路径。第二种，对当前教育状态的不满而寻求教育变革与创新。随着国际经济与国际贸易的发展，商品、劳务、技术、资金等生产要素在全球范围内的流动性越来越强，资源配置越来越多样化，跨国经营和投融资日益频繁，世界性连锁企业、跨国公司不断崛起，对复合型、管理型、创新型的会计人才需求量不断增加，而现行的人才输出机制难以满足这种需求，亟待新方法来破解教育难题，其中一个重要的思路就是利用"互联网+"带来的机遇，让教育站在"互联网+"的风口上来促进教育变革与创新。教育需求是教育教学方式进行变革的逻辑起点和落脚点，当前传统教育存在的最关键、最核心的问题是将学生当作知识容器，学生被动接受灌输，学生的思维能力丧失，主动获取知识的能力和创新能力不断下降，学生的大脑处于休眠状态，只有机械记忆，缺少学习兴趣，同时由于教师所教学生数量过多，课堂上只能教师一个人在讲，学生则洗耳恭听，其结果是教育质量较差。所以，用什么样的教学方式能够让学生主动学习、积极思考是互联网教育必须解决的问题。

我国教育一直存在两大难题：一是教育事业发展不均衡，教育的公平和效率严重缺失；二是边远地区、经济欠发达地区的学生无法享受优质教育。政府和有关部门对解决第一个问题下了很大功夫，从2001年新课改就开始试图从以教师为中心的讲授式教学模式转变为以学生为中心的探究式学习方式，但在现有教学组织方式和教育技术手段没有改变的情况下，其结果是教师讲授式教学模式难以撼动。针对第二个问题，政府和有关部门相继采取了卫星教育、有线电视教育等办法，其结果也是收效甚微。2013年《中共中央关于全面深化改革若干重大问题的决定》提出大力促进教育公平，构建利用信息化手段扩大优质教育资源覆盖面的有效机制，逐步缩小区域、城乡、校际差距的要求，让我们看到了用互联网解决上述两个教育难题的曙光。

2. 新兴信息技术是变革的强大动力

有学者认为："信息技术影响教育变革的路径分为两条：一是信息技术直接应用于教育，产生教育变革；二是信息社会的变化影响教育，最终产生教育变革。""互联网＋"时代，在教育领域，以云计算、物联网、移动互联网、大数据等为代表的新兴信息技术正飞速发展且应用不断广泛深入，这极大地促进了"互联网＋"时代教学方式的变革。"互联网＋"时代，新兴信息技术极大地丰富了教育资源，增加了学习机会，突破了时空界限，改变了人们的学习方式，丰富了信息的表现形式，改变了人们的认知方式。原始社会知识的传递与学习主要是通过人与人之间的口耳相传；古代社会造纸术的发明，极大地促进了人类文明的发展和人类知识的传播，人们的学习主要通过读写来进行；近代社会广播、电视、电话的出现，使远程同步交流与学习成为可能，学习不光可通过读写来完成，视听也成了学生学习的重要方式；现代社会由于互联网技术以及各种高精尖教学辅助设备的出现，知识不再是静态地停留在书本上，而是在各种媒体中快速流动，"知识"不再是个名词而成了动词——"知识流"，人们的学习方式不再局限于读、写、视、听、算，探究成了大众倡导的学习方式，技术使学习智能化、智慧化、虚拟化，改变了我们学习的生态。学习生态是由不同学习主体共同构建的，在学习生态中，学习主体基于兴趣、爱好、知识背景、专业等的不同形成了不同的学习社区，这些学习社区在网络上是以虚拟社区的形式存在的。"互联网＋"时代，随着以"云计算、云存储、云服务"为特征的互联网经济体的崛起，以教师为中心、以知识灌输为主的传统教学模式难以满足日益增加的人才需求，因此，建立具有协同性和分享性的多样化的教学模式，以及以学生为中心，以能力提升、思维创新为核心的新型教学模式势在必行。教育关系重构是教育变革需要研究的重要问题，同时教育关系的重构也对教师专业发展提出了新要求。

3. 学生个性发展需要是变革的内在动力

在传统的教学中，教师以相同的教学方式对待每一位学生，以相同的进度教授每一位学生相同的内容，同一个班的学生学习相同的科目，然后接受相同的考试测验，从而甄别出学生的优劣。这种传统的教学方式符合工业时代对标准化人才培养的需求，其特点是在特定的时间内学习掌握特定的学习内容，并以相同的标准去衡量所有人。在这种教学方式中，学生的个性被扼杀，身心发展被摧残，兴趣爱好被剥夺，思想发展受到压制。承认学生个体差异，尊重学生个性发展，实行差异化教学，注重因材施教是"互联网＋"时代教学方式变革和教学效率提升的要求。在"互联网+"时代，教师有条件依靠各种手段和媒介为学生提供丰富的学习资源，创设丰富的教学环境，让学生能够自主地选择自己需要的学习内容，感受到学习的快乐，满足他们的兴趣爱好，从而促进他们个性的发展和培养创新和创造的能力。"互联网+"时代，教学支持手段增多，学习资源丰富且不受时间、空间和地域的限制，这些为满足教学中学生的个性化需求提供了坚实的物质基础。

4.教学媒体的多样变迁是变革的现实基础

在传统的教学中，教材作为学生学习的主要资源和直接作用对象，是课程的物质载体和学生学习与教师教授之间的连接介质，然而面对个性多样的学生时，千篇一律的教材存在着明显缺陷，无法满足教学情境多样化需要和学习个性化需求。在"互联网+"时代，教学媒体日益朝着智能化、智慧化方向发展，功能和作用不断增强。现代教学媒体不仅是传播教学信息的媒介或辅助手段，而且已成为人们的认知工具和学习资源，改变着教学环境的组成元素、教学资源的形态和教学要素间的互动方式，使教育呈现出较强的信息化特征：教育手段趋于多媒体化，教学资源趋于数字化，教学方式趋于多元互补。当前各个高校的授课群体均为年轻的新一代学生群体，该类群体是出生在网络时代并伴随着新技术成长起来的一代人，被称为"数字原住民"或"数字原生""数字土著"，他们的思想更加开放，思维更加独特，获取知识的渠道也更加多样化，更加有能力有机会享受到优质的教育资源。为了使富有个性的学生在教师的引导下，能发挥他们的最大潜能，进行探索和创造，教师必须摒弃"照本宣科"式的教学方式，根据学生学习的状况，运用教学智慧选择适宜的教学媒体，营造温馨和谐的教学环境，运用合适的多样化的教学方式来开展教学，才能达到教学的最佳效果。

五、互联网+教育改革的思考

如果问谁是新教改理论与研究的引路人，当然要首推中国的圣人孔子。作为中国最著名的教育思想家，早在2500年前，孔子就提出一系列与新教改思路相适应的理论和思想。他认为："不愤不启，不悱不发，举一隅不以三隅反，则不复也。"他提倡教育应该"有教无类""因材施教"。

中国教育创新的思想体系自远古便有之，改革开放以后中国基础教育也一直在进行教学改革和课程改革。国务院发布的《关于深化考试招生制度改革的实施意见》，揭开了中国深化教育体制改革的大幕。

（一）公平与个性化之间取得平衡是关键

1.我国教育目前的主要矛盾

教育资源分配不均与选拔标准的同质化之间的矛盾，是我国教育目前最主要的矛盾。这导致了选拔结果的公平性很容易受到较大影响与重大质疑。作为重要的人才选拔通道，"教育改变命运"在我国是根深蒂固的传统观念，但近年来这条路越来越难走，症结就在于教育资源不均衡。教育的公平性课题，逐渐演变成重大的社会问题，增强教育公平性一直是教改的主要方向。例如，为打破由身份、财富等标签垄断的教育选择权，十八届三中全会正式提出"取消重点学校重点班，破解择校难题"；又如，新一轮国家高考改革方案明确要求高校制定对学生进行综合评价的方案，探索依据统一高考成绩、高中学业水平考试成绩，参考学生综合素质评价的多元录取机制，即学生综合素质评价将在高招中起到重要作用。这些教改举措都将从机制上促进教育更公平地发展。

2.教育公平的最终目标

机制只能解决形式问题，而形式上的公平化与个性化教育的终极目标仍存在较大差距。难怪每年都有人提出相同的问题：中国能否培养出诺贝尔科学家？

从某个角度来看，现代教育仍然采用工业化时代的模式：学生们使用同样的教材、做同样的习题、求教于同样的教师。正规教育的运行仍类似于工厂里的装配线，就其本质而言，教育对所有学生的处理都是一成不变的，这其实是不符合个性化教育的需要的。因此教育公平的最终目标是使人人都享有高质量的个性化教育。

（二）平衡教育公平和教育个性化

教育改革近年频频出现在党和国家的重要政策当中，亦常常置于公众和媒体的聚光灯下。采取公平、公正的监督和评价方式，进行教改具体政策的落实与优化，就显得尤为重要。在信息化和大数据的时代背景下，监督与评价最直观、最客观的方式就是用数据说话。在学校这个相对封闭的教学环境中，数据收集与分析的重要载体，就是校园的教学信息化。

我国中小学的教学信息化受到资源限制，起步较晚，但在党和国家的重视下发展迅速，短短几年间就完成了从封闭到开放、从硬件到云端的飞速转变。在"互联网＋"的大趋势下，教育工作者更应以大数据和互联思维重新审视和定位校园信息化工作。

以高考综合评价体系为例，其成功的关键在于在初高中阶段获取充分且客观的关于学习的大数据，以便教育工作者用来对数以万计的学生进行对比与选拔。如果评价维度仍局限于成绩，甚至由客观评价变为主观评价，那么教改则是换汤不换药，反而增加了人为干扰因素，创造了权力空间，使得本意为增加公平性的高考评价体系，变成堵塞教育资源贫困地区学生上升空间的巨石。

在教学个性化的实践过程中，同样需要充足的数据和信息，补充教师的经验与优化判断，以便制定可以细化到每个人的教学方案。只有获得了基于大数据的信息和分析，学校才能处理好关系到每个学生的最核心的问题：学生的精力被放在了答对的问题上，还是答错的问题上？学习成绩优异靠的是灵感还是勤奋？学生出错是因为没有理解知识点还是由于其他原因？基于这些核心问题的回答，才是实现因材施教的根本。所以，数据信息化是教改成功的关键。

（三）必须适应新的教学改革形势

教学信息化必须应对教学评价体系和人才选拔制度的变革而进行相应的变革，在变革中寻找自身的价值和突破口。变革的方向应从以下几个方面入手。

1. 搞清教学信息化在教育体系中的定位

信息化所输出的数据和分析结果在教学中有日益重要的作用，但学校的信息化部门往往被定位成后勤部门。从组织上看，这是很不合理的。改进教学信息化，需要对信息化部门的职能与职责进行更清晰的定位，使之从教学的附属品变成重要的辅助力量，这样信息化部门才能在大数据时代扮演更重要的角色。

2. 教学信息化必须引入第三方机构合作

一直以来，教育机构的数据采集方式采用的是垂直一体化的管理，生产、储存、分析均由学校一手包办。这些数据用于教学研究，也用于政策制定，还用于人才选拔。实际上，教学信息化的整个过程不是由客观的第三方监督，而是由典型的内部人士操作的。那么，基于此建立的教学体系，又如何能保证其客观性与公平性呢？因此，除了学校内部系统，信息化的输入应该引进更多平台，从电子书本到移动互联应用，都应该看作收集和分析数据的渠道，被学校加以利用。

3. 教学信息化必须适应大数据时代的需要

统计数据如果只有学生的考试成绩、排名、出勤率等，那么数据的性质均是对结果的反映。缺乏过程描述的这些信息是离散且静止的，无法形成真正意义上的对一线教师的反馈，也无法帮助学生了解自己对教材的掌握程度。

因此，未来的教学信息化应该更加侧重多维度、过程性数据的采集，这就要求从操作层面上不能仅仅依赖校内信息化系统对学生在校时间情况的记录，而是扩展到校外、课外全方位信息的采集。采集对象，应从小数据向大数据转变，从结果性数据向过程性数据转变。

（四）教育改革需要树立正确的意识

1. 创新、超越的改革意识

面对互联网＋教育，教师队伍已经出现了前所未有的分化，走在前头的是敢于尝鲜的带头人，而大多数教师正在观望和等待，尤其对于上了年纪的教师，改变总不是轻而易举的。《素质教育观念学习提要》中说：教育是艺术，艺术的生命在于创新。我们要有创新、超越的改革意识，放下面子，在实践中探索，在探索中创新，在创新中发展，敢于超越，才能找到一条适合学校和教师走的互联网＋教育新路子。

2. 开放、包容的学习意识

学会学习，是对学生的要求，也是对教师的要求。要教给学生怎么学，教师自己必须知道怎么学、学什么。从这个层面讲，"互联网＋教育"对教师的要求更高了，教师任务也更重了。教师不仅要有扎实的基础，熟悉教材教法，而且还要在现代教育思想的指导下学习并熟练运用互联网技术；要有开放、包容的学习意识，放下身子，向学生学习，向网络学习，向实践学习，否则将难以胜任互联网＋教育环境下课任教师的职责。

3. 民主、平等的服务意识

肖川先生认为：教育就是服务。他说真正良好的教育一定是最具有服务精神的教育。如果说互联网＋商业模式成功的关键在于用户体验，那么互联网＋教育环境下，学生就是我们的"用户"，教师要积极关注学生的体验，建立以学生为中心、以学生发展为本的新的教学模式，从学生的需要出发，为学生提供优质的服务。教师要有民主、平等的服务意识，放下架子，与学生建立真诚、和谐的交往关系，尊重学生的人格和感情，才能在互联网＋教育环境下不断促进学生个性的健康发展，焕发出教育的生机和活力。

六、"互联网＋"加速教育的自我进化

随着工业社会向信息社会的过渡转型，国际化和信息化已经成为高等教育发展的必然趋势。特别是"互联网＋"时代的到来，以及最近几年大规模公开在线课程的广泛兴起，正在引发世界范围内高等教育格局的竞争与变革。在这种背景

下，中国高等教育的发展方式正在全面转型，而这种转型也给中国高等教育带来了更多的机遇。

（一）从封闭走向开放

"互联网+"打破了权威对知识的垄断，让教育从封闭走向开放，使优质的教育资源不再局限于少数的名校之中，人们不分国界、老幼都可以通过网络接触到最优质的教育资源。

在全球开放的时代下，通过互联网，人们可以随时随地获取各国各地区优质的学习资源。

在我国，教育尤其是大学教育的质量具有较大的差距，进入大学之前，虽然城市之间与城乡之间不可避免地会出现师资力量的差距，但是由于总体上大家接受的都是基本一样的标准化教育，相互之间的差距也并不是非常明显。但是大学教育与之不同，同一个专业在不同的学校所开设的课程是不一样的，培养方法也是不一样的，再加上学校开设课程时间的长短不同，教学效果也不同。1959 年，《中共中央关于在高等学校中指定一批重点高校的决定》决定设置全国重点高等学校，保证一部分学校能够培养较高质量的科学技术干部和理论工作干部，提高我国高等学校的教育质量和科学水平。1960 年，《中共中央关于增加全国重点高等学校的决定》在原有的基础上增加了 44 所大学，一共 64 所院校。1978 年，国务院转发《教育部关于恢复和办好全国重点高等学校的报告》，恢复"文化大革命"前 60 所全国重点高等学校，并增加了 28 所高校为重点大学，至此我国基本上确定了重点高校的格局。我国高校数目从 1985 年的 1016 所上升到了 2015 年的 2845 所，但是国家重点高校依旧只有 112 所，根据国家建设重点院校的政策可知，为了支持学校的建设，国家的财政性教育经费很大一部分给了重点高校，而剩余的经费才能分入其他院校。2000—2012 年国家财政性教育支出、预算内教育支出虽然在稳步增加，但是与发达国家相比还是具有较大的差距，此外财政性支出占 GDP 的比重这一项能够影响教育支出的数额，而我国的财政支出比重一直都在 20% 左右，但是发达国家这一数字可以达到 50%，最少的也在 35%。这样一来，我国高校的资源就出现了僧多粥少的现象，随着高校数量的增加，那些普通院校能得到的国家支持也就越少，教育质量也随之下降。因此导致最优质的教育资源都集中在少数的重点高校，而其他院校则很少能得到优质的教师和政策支持。但是通过互联网，高校学生能够接触到重点高校的教育资源，可以跨地域跨时间段重复地针对一个知识点进行反复的学习，加深对知识的理解，不至于在短短的 45

分钟或是一个小时的课堂上强行接收所有的知识点，且不担心知识点的遗漏。由此知识获取的效率大幅提高，也为终身学习的学习型社会建设奠定了坚实的基础。

（二）降低了教育的成本

皮尤公众与媒体研究中心在 2013 年 3 月的一项研究发现，60% 的美国成年人认为，大学对于国家的发展具有积极的作用；84% 的大学毕业生认为，对他们而言，接受高等教育的费用支出是一项很好的教育投资。但是，该中心 2011 年的另一项调查发现，75% 的受访成年人认为，对大多数美国人来说，上大学太贵了，几乎难以负担；57% 的受访者说，美国高等教育体系没能让学生及其家庭的花费物有所值。瓦里斯是坦佩雷大学荣誉教授、联合国教科文组织首席研究员，他认为不同的教学实施模式会强化不平等，提出"经济因素将在很大程度上决定高等教育的命运，传统的面对面式的高等教育将成为少数人的特权，部分教育领域则需要实现全球的标准化，在许多情况下，这将会降低教育水准"。中国统计局的调查表明，从 2005 年开始，我国家庭中子女的教育支出在家庭可支配收入中占的比重不断增长。

调查显示，在义务教育阶段，我国城市家庭教育支出平均占家庭养育子女费用总额的 76.1%，占家庭经济总收入的 30.1%。也就是说一个普通城市家庭的三成收入花在了子女教育上。20 世纪 90 年代以来，家庭的教育支出以平均每年 29.3% 的速度增长，明显快于家庭收入的增长，也快于国内生产总值的增长。但是，"互联网+"出现后，用户可以免费享用各种资源。由此，"互联网+"教育使高校学生能够通过较低的成本得到更优质的教育资源，从而促进更多的学生去主动学习，避免了很多由于家庭贫困而上不起大学的学生得不到优质的教育。互联网极大地放大了优质教育资源的作用和价值，一个优秀教师从只能服务几十个学生到能服务几千个甚至数万个学生，这使大学教师能够从繁重的教学任务中解脱出来。另外，互联网联通一切的特性让跨区域、跨行业、跨时间的合作研究成为可能，这也在很大程度上规避了低水平的重复，避免了教师一年又一年重复地教学讲解。

（三）加速了教育的自我进化能力

互联网使教师和学生的界限不再泾渭分明，改变了传统的"以教师为中心"的授课形式，而转变成"以学生为中心"的形式。在"校校通、班班通、人人通"的"互联网+"时代，学生获取知识已变得非常快捷，师生间知识量的天平并不必然偏向教师，教师必须调整自身定位，让自己和学生成为学习的伙伴和引导者。

"以学生为中心"的教育强调了学生的个性化特征，中国的应试教育以考试结果作为划分学生优劣的依据，甚至更为偏激地认为成绩优秀的学生必然品德也是优良的。这种划分方式致使许多偏科但具有特殊才能的学生的发展受到了阻碍，泯灭了许多学生的才能。而互联网中的用户思维就是指在价值链的各个环节都要"以用户为中心"去思考问题，根据用户的需求进行服务。在"互联网+"时代，教师利用大数据分析学生的特点，准确分析学生的兴趣爱好、认知水平、接受能力等，然后在此基础上因材施教。例如，美国亚利桑那州立大学，该学校是美国最大的公立大学，拥有 72 000 名学生。学校采取了一个在线教育服务商 Knewton 的"动态适配学习技术"来提高学生的数学水平，2000 名学生使用该系统两个学期之后，该学校的辍学率下降了 56%，毕业率从 64% 上升到了 75%。因此，利用大数据进行学生特性的分析，然后为学生提供相应的教学能够更为有效地提升学生的学习效果。现在为了满足学生的需要，互联网为学生提供多种学习模式，如体验式学习、协作式学习及混合式学习等模式。而其中最具特点的是 4A （Anytime Anywhere Anyway Anybody）学习模式，即学生可以在任何时间、任何地点，以任何方式，从任何人那里学习。这也在一定程度上体现了我国培养学生尤其是大学生自主学习的理念。

传统教育体系中包括教育对象和教育环境两大体系，教育对象指的是学生，而教育环境则包括了学习主体以外的事物，包括教师、教学内容、教学条件等。在传统的教学系统中，我们的出发点和落脚点在于考试和升学，对于人的发展则关注得比较少，因此我国的学生总是在反反复复的打磨后成为一个个标准的产品，个体之间缺少差异性。英国著名教育理论家怀特提出，学生是有血有肉的人，教育的目的是激发和引导他们自我发展。也就是说教育的核心是要充分调动人的主体意识，使其在学习、发展过程中变"被动"为"主动"，产生积极主动的心理状态，从而提高自身的认知水平和学习效率。而互联网时代正好强调的就是主动性和创新性，通过提升学生的主动性来提升教育的能力。

首先，当"互联网+"进入现有的教育体系之后，打破了原有的教育体系的平衡，敲开了教育原本封闭的大门，为传统的教育体系提供了新的知识信息源泉，使原有的学生子系统能够更为快捷和方便地与外部的大系统进行知识的交互，获取信息，因此推动了自身知识的增长，从而推动教育的自我进化能力。其次，互联网的虚拟环境能够为学生创造一个拟真世界，学生能够利用互联网从三维的视角去认知、探索世界。陶行知曾经说过，"劳力上劳心"才是创新人才的办学模式。

陶行知批评说:"中国的教员、学生,实在太迷信书本了。他们以为书本可以耕田、织布、治国、平天下;他们以为要想耕田、织布、治国、平天下,只要读读书就会了。"陶行知认为,学习应该是实践与认知相结合的过程,而非沉浸在书本中,但是我国传统的教育是一味地学习书本的知识,甚至是过时的知识,所以才会出现所谓的纸上谈兵的现象。而在"互联网+"时代,学生能够通过网络中的拟真世界进行相应的实践,并随时根据网络的信息更新知识。

七、互联网+教育信息化时代教育发展新趋势

自国家领导人提出"互联网+"行动计划,教育界便掀起一股信息技术融合教育的热潮,国内教育随之迈向大变革时代。如何解读各阶段教育信息化的政策?传统教育如何向信息化教育转型?各地中小学如何把握信息化教育发展趋势,打造先进的信息化教学平台?各地教育主管单位和学校在面对互联网+教育变革时存在太多的困惑。

2016年4月10日,中国教育技术协会秘书长刘雍潜教授在参加了101远程教育网联合湖南省教育学会、周南中学举办的第九届中小学智慧教育暨翻转课堂应用实践研讨会时,就以上问题做出权威解答:

刘教授认为,国家颁布的教育信息化政策,都从不同角度诠释了不同阶段建设"三通两平台"的意义,为了使教育信息化更加富有生命力,政府和学校可以借助第三方提供的资源和服务,提高教学效率,实现"宽带网络校校通、优质资源班班通、网络学习空间人人通",建设教育资源公共服务平台和教育管理公共服务平台。

截至2015年12月,中小学互联网接入率达到87.1%,"宽带网络校校通"基本完成。"十三五"期间,在信息技术环境下,教育信息化要求改变"教师讲、学生听"的传统教学模式,推动优质教育资源的整合和教学模式和方法的创新,实现"三通两平台"在教学与管理过程的应用。各地中小学应抓住机遇,与101远程教育网这类符合国家基本教育机制的企业进行合作,引进优质的教学资源和先进的互联网技术,将学生从课堂学习引导到更宽阔的精神范畴中去,实现个性化学习的发展。

刘教授指出,教育信息化让每个学生都有机会享受到教育变革所带来的新权益,未来的云课堂将走向以用户为中心的个人云模式。

"101智慧云教学系统"在研发过程中始终围绕教学和管理两个层面进行布局。"101智慧云教学系统"界面简洁,包含备课、101云课堂、作业、出卷、评

价、教学管理等功能。备课资源按照教师的教学知识点进行分布。师生运用"101云课堂",课上分组互动,课后及时答疑,沟通无障碍。采用移动APP,教师随时随地录制微课,布置或催交作业。在出卷功能中,教师可以上传word卷,智能或手动组卷,快速便捷。学校领导则利用教学管理功能,全面了解所有班级的教学进度、教学效果、校本资源等情况。

随着"互联网+"计划的推进,教育信息化将迈进更加高效和个性化的发展阶段。"101智慧云教学系统"真正达到了教学高效、学习主动、数据可视、互动个性的要求,实现了"优质资源班班通、网络学习空间人人通",为学校搭建了教育资源共享、教学管理科学的信息化平台。

第三节　"互联网+"与会计教学

一、"互联网+会计教学"的产生背景

任何形式的教学活动都会受到相关外部条件的影响,我们将这种外部条件统称为教学环境。而会计教学的相关外部条件之间相互影响、相互制约,形成了一个纵横交错、复杂的网络,从而对会计教学活动的开展产生了深远影响。随着互联网技术的飞速发展,信息技术的高速提升正在推动整个会计行业的发展,信息技术领域创新研究正在大幅度地、快速地重新塑造会计业务,会计工作的业务环境发生了很大变化。此背景相应地对会计人才也提出更高要求。会计信息化人才培养、就业、胜任能力也面临新的挑战。互联网背景下会计人才教育理念及培养模式、课程建设及培养方案的创新改革势在必行。在这样一个大的时代背景下,会计教师只有快速适应环境变化,并制订适合的培养计划,着重对学生的适应、应答及创新利用能力进行培养,才能培养出符合市场需求的新型人才。在当前环境下,会计教育的开展应对以下几方面的因素加以注意。

(一)社会环境变化

经济基础决定上层建筑。社会经济环境的发展为会计行业的生存提供了必要的土壤。在企业对自身运行机制及管理模式大变革的同时,会计行业也逐渐将其涉猎范围由简单提供财务服务扩展到为企业破产、兼并、租赁等活动提供相应服务;而其服务内容也增加了投资、网络交易、三方交易等方面。会计行业的这些

变化都是在生产力发展促进生产方式发生转变的基础上实现的。换句话说就是物质资料决定生产方式。21 世纪，我国对政府与企业之间的关系逐步调整，政府更加注重增加社会福利，完善社会保障，并将环境保护作为国家经济进一步发展需要首先解决的问题。在这样的努力下，我们有理由相信我们的生活环境将会逐渐改善，社会教育环境也会逐渐净化。

与此相适应，随着互联网经济和网络银行等一系列线上交易的开展，有关环境保护、社会福利、社会保障等方面的会计学知识将进一步完善，并逐渐成为大学会计教学内容的重要组成部分。

政治环境是一个国家在一定时期制定的各项路线、方针、政策和整个社会的政治观念，属于上层建筑范畴，会对会计行业的发展产生直接影响。随着市场经济体制的确立、改革开放进程的加快，金融市场更加重要，在我国，金融市场不断发展、产业资金与金融资金的联系也日益紧密的现实条件下，金融资本在经济发展中的影响力不断扩大。伴随而来的是银行会计、保险会计等日渐重要的会计形式，也成为会计教学的主要内容之一。

（二）经济全球化

在世界经济逐渐成为一个紧密整体的今天，全球的商品、信息、技术和服务等资源都以实现全球资源的优化配置为目的而自由流动。世界卫生组织是以实现经济全球化而建立的全球性组织。会计行业在经济全球化的进程中扮演了推动者的角色。会计与音乐和事物一样是没有国界的，因而可以作为商业交流的专用语流通于各国。然而国际会计准则之间的巨大差异成为经济全球化发展的巨大绊脚石，它不但会增加资金消耗，浪费资源，同时也会在各国贸易时引起纷争。因此，制定一个国际共同认可的会计制度与准则势在必行。世界经济全球化是推动会计行业国际化的原动力，而全球化又对我国会计教育的发展提出了新的要求。跨国公司的大量涌入及其适应性的生存策略，对我国相关人才的需求也增加。全能型国际人才日益成为市场需求的主流。在这样的全球形势下，国外教育机构纷纷采取优惠政策吸引中国学生出国深造，与此同时，国外企业在中国办学的限制也逐渐宽松，从而给我国教育行业带来了激烈的竞争。而会计资源的争夺又给我国会计教育事业的发展提供了新的契机。我们可以将国外成功的教学经验与我国的具体国情相结合，制定适应我国的会计教育发展策略。

随着经济全球化的深化，增加会计信息的可靠性，推动会计国际化，降低交易成本，进一步推进国际贸易的开展，已经迫在眉睫。因此，有必要从国际角度对会计行业的语言障碍进行消除。经济全球化背景下，经济危机也全球化，一个国家的财务危机很容易波及另外的国家，也就是说国际环境日益复杂，也增加了会计改革的迫切性。在日益发达的科学技术强有力的支持下，我们有理由相信会计国际协调一定会取得有效的进展。

（三）信息技术革命

社会经济的运营模式的彻底性改变得益于成长的现代信息科技，其核心是网络、通信与计算机科技。第一，会计信息体系依托于现代信息科技，它是高功率、智能化的信息治理体系在网络环境平台上创建的，它不仅能够高度分享会计信息，把会计信息体系改变为一个开通的体系，并将其计算的职能拓宽为治理与掌控职能，而且能够深度自动化处置会计事务，并及时和自主上报会计信息。第二，会计主体传统的金字塔式组织构造将在信息科技的推动下被新的网络组织所代替，中层管理将渐渐淡出历史舞台，而下层与上层的关系更为直接密切。会计受现代信息科技的影响，一定要与会计教学相符合，对教学方式、手法、内容实施相应的变革。

（四）知识经济的发展

在当今以知识为基础的经济社会发展中，人类的知识储备和对有关信息的创造利用越来越发挥举足轻重的作用。换句话说就是人类的智慧在经济竞争中的地位越发重要，知识就是生产力。中国科学院在有关知识创新的调研中指出：有关证据指出世界经济合作与发展组织主要成员国经济发展的主要动力是知识。知识已经成为经济发展的主要生产力之一。同样，在知识经济的时代背景下，会计行业的生存环境也做出了相应的调整适应。财务工作者需要适应时代需求不断更新知识储备和提高工作技巧，以期能真实地对经济真实发展情况做出反馈，从而为国家和经济社会的发展培养更多优秀的会计专业人才。

在知识经济社会中，虽然依旧有工农业的存在，但越来越多的人参与到新型经济中，其主要特点之一就是投放无形资产，提供越来越多的高回报的服务性业务种类与工作职位。这不单为会计的职场功能的充分发挥提供了宽广的空间与极好的机会，也为变革会计教学供应了充足的经济支撑与物质保障以及创建了良好的环境。知识经济时期发展的信息科技为创新会计教育方式与教育手法提供了技术支撑，会计教育方式会被衍生的信息科技工具所完备与充足，而会计教育的基本手法则为网络与电脑科技。

（五）教育机构的竞争

在经济全球化的今天，竞争日益激烈，竞争的领域也逐渐延伸到了教育界。在这样的社会背景下，国内高校兴起了与国际相关组织合作的高潮。在会计行业主要表现为将国内的学历教育与会计资格证的国际认可相结合，一方面有机会培养出国际认可的专业技术人员，另一方面在一定程度上对我国会计教育的落后局面也进行一定的改善。而且中国学员众多，市场广大，也吸引了许多国家纷纷为中国学生亮起了绿灯，并制定了如放宽签证条件等一系列的优惠政策。而与此同时，我国对在华兴办教育的条件也做出了相应的调整，以欢迎更多的国家来中国兴办教育。在这样的历史条件下，本土的教育结构就与国外新办的教育企业形成了直接竞争关系。互联网的普及加剧了两者之间的竞争。国际教育唾手可得，而国际教育机构的兴建也是一把双刃剑。一方面，在争夺教育资源的同时，为我国会计教育行业提供了接触先进知识的机会，有利于会计教育机制的改革和发展；另一方面，国际会计教育的兴起，对我国会计教育的发展有巨大的挑战性。顺应时代发展潮流，培养适合时代竞争的新型人才是我国会计教育界必须认真应对的挑战。

2016 年 7 月，国务院发布了《国家信息化发展战略纲要》，阐明要实施国家大数据战略，最大限度地发挥信息化的驱动作用。信息化技术的提升与应用会带来会计人才培养的转型与升级，对会计人员的能力架构建设提出了新要求。2016 年 10 月，财政部印发了《会计改革与发展"十三五"规划纲要》（财会〔2016〕19 号），其主要任务是健全企业会计准则体系、加强会计信息化建设、大力发展跨级服务市场、实施会计人才战略。它是直面挑战、引领会计行业未来发展的重要战略部署。为了实现会计信息化人才发展战略，适应信息化环境下会计实务新的需求，全面推进会计信息化工作，构建会计信息化人才职业胜任能力框架显得尤为重要。

"'互联网+'时代高校会计人才培养路径创新研究"课题经申报，于2016年获江西高校省级教学改革课题重点资助立项（编号 JXJG-16-17-2）。课题组以严谨、务实、求真的科研态度，针对研究计划与项目任务进行深入探讨，具体分析实际情况，以解决实际问题，顺利落实了课题的研究任务，形成了相应的研究成果。对取得的主要研究成果，课题组注重在实践中进行推广应用和检验，同时注重对成果应用推广中存在的问题进行解决。本课题研究成果一经应用，相关用户就给予了积极的信息反馈，结果表明，效果良好，实现了预期目标。

二、"互联网+"会计教学的意义

（一）理论意义

在"互联网+"时代，高校会计教学应积极转变教育观念，结合互联网的发展与时俱进。"互联网+"会计教学对于会计人才培养、会计教学质量提高具有重要意义，具体体现在以下三个方面。

①从学生角度分析：有利于提高学生的创新能力、自主学习能力和协作学习能力；有利于挖掘学生发现问题、分析问题和解决问题的潜力，引导学生将所学专业知识高效率转化为应用能力，达到学以致用的目的；有利于引导学生把握会计职业发展趋势，使学生适应互联网时代对会计职业发展的新时代要求。

②从教师角度分析：有利于教师从动态上把握"互联网+"时代会计教学的本质和规律，引导他们从整体上认识会计教育与教学过程中各种因素之间的相互作用及多元化表现形态，从而提高实践教学质量，促进教学理论创新。

③从学科建设和人才培养角度分析：有利于革新互联网时代高校会计人才培养理念，打破传统培养思维和教学模式的禁锢，以推动高校会计人才培养与现代信息技术的深度融合，加快我国高校会计教育现代化进程，顺应了"互联网+"时代的发展要求，为建设创新型国家和学习型社会奠定了人力资源基础。

（二）实践意义

随着互联网技术的迅速发展，企业信息化对会计信息化人才培养提出了更高要求，导致会计信息化人才职业能力与企业需求相脱节。本书以会计人才职业应用需求为导向，探索适合企业需求的会计人才培养路径，有利于促进会计专业人才更好地适应新时代对会计人才的新要求。另外，从企业人才需求角度而言，有利于高校培养出更多既掌握会计专业知识，又能服务于互联网时代发展建设的多元化应用型会计专门人才，他们可以更加高效地服务于企业的信息化会计工作及财务管理工作；也有利于节约很多不必要的人才岗前培训费用，从而促进企业在互联网环境下实现更好更快的发展。

总之，在"互联网+"时代，将现代信息技术运用到会计人才培养教学领域，声音、文字、图像的结合丰富了传统的会计教学形式，无处不在的在线学习带来了更开放的教育环境、更丰富的教学资源，课堂边界的扩大使学生能更容易地获取知识。因此，"互联网+"会计教学有利于促进以讲授为主的教学模式向培养学生自主学习能力、引导学生对课程难点与重点的分析与讨论、提高学生的会计职业判断与分析能力的教学模式的转变，从而推进"以学生为主体"的课堂教学方法的改革，与时俱进地推进互联网会计教学改革，并通过启发式、讨论式、案例研究等教学模式，提高学生发现问题、分析问题和解决问题的综合能力。

三、互联网时代会计教学的发展趋势

（一）基于互联网模式整合会计教学资源

在互联网时代，传统的教学资源必须进行相应的整合优化，这对会计专业的实践教学具有非常重要的意义。由于会计专业有一定的企业的保密信息，所以大多数企业不愿意招聘相应的实习生，而是喜欢招用有一定实践能力的人员。这就要求高等院校通过仿真的企业模拟实训平台来提高学生处理业务的能力以及实际操作的能力。

（二）互联网背景下教师采用"慕课""微课"等新的教学方式

网络新媒体改变了传统的教育模式，使传统的教育模式向多元化的方向发展。对于高等院校的会计教师而言，其不仅要有相应的互联网思维，还要能利用互联网技术。教育改革强调的是创新，尤其在互联网这样的时代下，高等院校的会计教师要不断创新，不断尝试新鲜的教学方式，如"慕课""微课"等，使教学方式多样化。

（三）构建互联网时代情景模拟实验教学模型

互联网时代可以创造无数的不可能。高等院校应当建立一个开放式的模拟平台，将会计环境纳入整个企业环境中，建立仿真企业模拟实训室，让会计课堂不再是单一的书本和实践分离，而是充分利用仿真的企业模拟实训室达到与企业的真正接轨。

第三章 "互联网+"时代会计教学改革的必要性与可行性

本章为"互联网+"时代会计教学改革的必要性与可行性，主要介绍了三个方面的内容，分别是"互联网+"时代会计教学改革目标、会计教学改革的必要性和会计教学改革的可行性。

第一节 "互联网+"时代会计教学改革目标

一、会计专业人才市场上"两缺"现象的困惑

2005 年 2 月，时任教育部副部长的吴启迪在一次高等教育改革会议上指出："对于教育来讲，质量的问题是一个永恒的问题，是我们教育的生命线。它的扩大是必需的，但是质量是要保证的。我们把什么东西看成是质量？有各种各样的评价指标，最后，我们把社会的认可程度，包括就业市场的认同作为衡量教育质量非常重要的标准。"从吴启迪的这段讲话中我们可以看出两个问题：第一，她针对的是我国的高等教育，"它的扩大是必需的"是指从 1999 年起我国开始扩大高校招生规模，原因是"国家有决定，百姓有需求"。以至于在不到 10 年的时间里，我国高校在校生规模突破了 2000 万，是扩招前的 4 倍左右，使我国高等教育规模位居世界第一。第二，衡量我国高等教育质量的标准是什么？是"社会的认可程度，包括就业市场的认同"。那么，目前我国高校会计专业人才培养的质量是否能够得到社会的认可呢？1997 年，全国高校扩招前，在校生规模在 590 万左右，当年就读会计专业的学生有 58 万人之多，相当于每 10 名在校大学生中就有 1 名会计专业的学生。到 2008 年即扩招后的第 10 年，中国有将近 40% 的高校办有会计学专业，会计专业的在校本科生仍占所有在校本科生的 10% 左右。尽管如此，实际真正满足市场需要，得到社会认可的会计专业人才仍然缺乏。近年来，会计专业人才市场上出现了"两缺"现象，即用人单位找不到所需的会计专

业人才，会计专业毕业生找不到理想的单位。面临"两缺"现象，从事高等会计专业教育的教育工作者非常尴尬，且万般困惑。

二、信息环境对会计人员的新要求

信息环境对会计人员提出了两方面要求：知识结构的改善和综合管理能力的提升。

（一）具有广博、扎实的知识基础

信息环境下会计人员的知识结构应该包括常规知识、信息技术知识、商务知识、会计审计专业知识四个层次。第一，会计人员应该掌握外语、数学、经济学基础、会计学基础、哲学、国际关系学、交际、礼仪、文化修养与审美等方面的知识。深厚、广博的常规知识是一个人受教育水平的重要标志，同时也体现了人的素质。第二，会计人员还需要掌握信息检索与获取、办公自动化、管理信息系统、计算机文化基础、计算机常用工具软件使用、网络技术、数据库技术、软件开发与维护、系统分析与设计、电子数据交换、电子汇兑、信息安全、电子商务系统等与电子商务相关的信息技术知识。在信息环境下，掌握信息技术知识不仅是职业需要也是生活需要。第三，会计人员必须掌握包括金融、税收、法律、营销、管理、宏观经济和商务礼仪等在内的商务知识。第四，作为专业的会计人员更应该具备包括财务会计、管理会计、财务管理、税务、审计、会计史、会计理论、会计职业道德等方面的深厚的、扎实的专业理论知识和熟练的实务能力。

（二）具备会计综合职能

信息环境要求会计人员具备学习、管理、交流等方面的综合能力。信息处理手段的现代化、信息传递的方便和简洁化、信息管理与分析的迫切化、生产的知识化、资产的无形化，对会计人员的分析、判断、控制、管理和决策能力有了更高的要求。随着会计工作中不确定因素的增多，以及业务处理的多样化、处理难度的增加、会计管理职能的增强，信息环境下的会计人员不能仅仅是死记硬背准则和制度，而要有远见，具备分析、判断、交流等能力。

总之，在信息环境下，首先，社会对会计人员的知识结构提出了新的要求，会计人员不仅要掌握会计、审计等专业知识，还要了解基本的商务知识、管理知识、信息技术知识以及具备广博、深厚的常规知识。其次，会计的管理职能有了发挥的舞台，在信息环境下，更加强调会计人员对会计管理职能的把握，强调素质与能力，要求会计人员有远见，具备学习、交流、人际交往等能力。

三、"互联网＋"时代的会计教学改革理念

为适应形势发展的需要，高校必须对会计学专业的教育教学进行改革。理念决定行为，思路决定出路。在高校会计学专业的教育教学改革中，首先要有正确的理念和思路作指导。笔者认为，高校会计学专业的教育教学改革应坚持市场导向、特色发展、能力为重和诚信为本。

（一）必须坚持市场导向

经济越发展，会计越重要。随着我国经济社会的快速发展，社会对会计人才的需求日益增加。然而，目前高校会计学专业毕业生的就业情况并不理想。据统计，除一些重点院校外，一般高校的会计学专业本科毕业生就业率仅在60%～80%。可见，目前在会计人才市场上存在着需求与供给的矛盾。导致这个矛盾的原因是多方面的，但高校培养与社会需要的脱节是根本原因。譬如，现在用人单位招聘会计人员一般要求有会计工作经验，熟练应用财务软件等，而高校会计学专业的学生在这方面普遍存在不足，这就直接影响了会计学专业毕业生的就业。

众所周知，培养适应社会经济发展需要的高素质会计人才是高校会计学专业的目标。这就要求高校会计学专业的教育教学改革必须坚持以市场为导向，积极主动地根据社会经济发展对会计人才的新要求进行相应改革。高校只有坚持以市场为导向，在广泛开展市场调研的基础上，根据社会的需要设置课程体系，调整教学内容，改革教学方法，才能培养出"适销对路"的受社会欢迎的高素质会计人才。

基于市场导向的理念，当前各高校应高度重视会计信息化和经济全球化对会计学专业的影响。会计信息化是会计与信息技术融合的产物，它使会计的职能从传统的核算和监督延伸到内部控制和参与决策。经济全球化是当今世界的一大特征，它使我国对国际化会计人才的需求猛增，这些都对高校会计人才的培养提出了挑战。高校应通过建立会计信息系统、实现会计信息化、加强企业战略与风险管理、加大双语教学工作力度等措施主动迎接挑战。

（二）必须坚持特色发展

当前，我国高校大都开设有会计学专业，各高校之间竞争异常激烈。如何在激烈的竞争中脱颖而出并实现科学发展，是摆在各高校面前的一个重要课题。

综观我国高校会计学专业的建设现状，存在的一个突出问题是在培养目标上同质化现象严重，不同层次的高校的培养目标大同小异，几乎都是培养"高级专门人才"，这反映出各高校对会计人才的培养缺乏深入的思考和合理的市场定位。不同层次的人才之间界限不清，导致会计教育界培养的人才与会计职业界的要求脱节，学生就业状况不理想。其实，虽然各行各业都需要会计人员，但不同行业对会计人员的需求是不一样的。快速发展的外资、民营企业需要大量的专业化、责任心强的应用型会计人才；经济全球化急需一批通晓国际会计准则的高素质会计人才。然而，不同层次的高校在制定培养目标时缺乏应有的市场针对性，导致人才市场就业导向不明确。同时，不同层次的高校在教师队伍、科研水平、办学条件等方面差异很大，这就需要各高校根据学生的生源质量和综合素质制定不同的培养目标。然而，各高校在制定培养目标时，大多只重视学校的整体定位，忽视了专业自身的地位和条件，从而出现会计学专业培养目标的同质化现象，导致培养的会计人才缺乏优势，就业竞争力不强。

因此，一所高校的会计学专业要想有很好的发展，必须根据自己的教学资源、办学实力等实际情况，制定适当的培养目标，通过教育教学改革，创造出自己的特色，实现差异化发展。譬如，高校与企业、科研院所联合培养会计人才的"开放式办学"特色；高校与国际会计教育培训机构合作举办 ACCA 班培养会计人才的"国际化"办学特色；等等。总之，高校会计学专业的教育教学改革只有坚持特色发展，才能实现健康发展。

（三）必须坚持能力为重

在我国，会计学专业的目标是知识传授和能力培养双主导型的理想教育目标。随着信息技术的飞速发展、经济全球化和金融创新的不断推进，会计业务和环境日益复杂，会计行业面临着严峻的挑战。对此，美国会计专家指出，新形势下的会计教育"不是传授给他们具体的规章，而是传授给他们借以做出合理的、有道德的商业实践和决策行为的真正能力"。这是顺应形势发展的必然选择。正如古人所云："授人以鱼，不如授人以渔"，能力比知识更重要。因此，高校会计学专业的人才培养应以能力为重，会计学专业在课程体系设置、教学内容安排、教学方法选择等方面，都应体现以能力为重的要求，既要注重理论知识体系的系统完整，又要重视实践能力的培养训练，把理论教学与实践教学、第一课堂与第二课堂紧密结合起来以培养学生的能力。

据专家学者研究，传统会计的记账、算账和报账职能已经不再适应现代企业对会计的要求，培养学生的思辨能力、职业判断力、决策能力是现代会计教育的方向。

（四）必须坚持诚信为本

现代经济是建立在信用的基础之上的，没有诚信、不讲信用，现代经济就无法正常运行。会计工作的基本要求是真实，要求会计数据真实可靠，绝不可弄虚作假。真实可靠的会计信息是企业科学管理和政府宏观经济决策的依据，虚假的会计信息必然造成决策失误，经济秩序混乱。被誉为我国现代会计之父的潘序伦先生把信用看成会计事业的生命线，他认为，"立信"是会计人员安身立命的最根本的职业道德。在市场经济条件下，会计人员处于多元利益主体的中心，肩负着客观、公正地协调各方利益的艰巨任务。一些企业的管理者在追求利润最大化的经营目标下，常常会明示或暗示会计人员造假。对此，若会计人员的职业道德水平不高，屈从于管理者的意愿做假账，就会违纪违法，毁掉自己的前程。

"诚信为本，操守为主，坚持准则，不做假账"是国家和社会对会计人员的基本要求。因此，高校在会计学专业教育教学中，必须高度重视对学生进行诚信教育，引导学生牢固树立诚信意识和守法观念，让学生把成为一个"既有精深会计技能，又有高尚道德情操的会计人"作为自己的自觉追求，走好人生的第一步。重庆某高校在这方面进行了积极有益的探索，引导学生"不做假账从考试不作弊开始"，推出了"免监考"的诚信教育模式，取得了很好的效果，受到《光明日报》《中国教育报》等媒体的广泛关注和称赞，值得其他高校学习借鉴。

四、"互联网＋"时代的会计教学改革目标

（一）积极创新教师与学生的探索观念

会计教育创新体现于会计教学的整个过程。会计教育创新是一个体系，这一体系涉及会计专业教育的方方面面。同时，会计教育创新不只是教师或者学生单方面的问题，它是教师与学生共同配合、共同提高和共同发展的过程。会计教育创新是以启发学生创新思维为目的，以教师为主导，以学生为主体，在专业教学中探索科学的研究过程。

会计教育创新要求教师不断创新教学方法和更新教学理念，让学生热爱专业知识，认真学习专业知识，用所学习的知识去探索专业领域的发展规律，研究专业知识在理论和实践中新的变化，并为毕业后用专业知识去勇于实践做准备。

（二）树立提高会计专业学生综合素质的观念

会计教育创新的核心是提高学生综合素质，在研讨会计教育创新过程中，要将树立提高会计专业学生综合素质的观念放在重要位置。学生的综合素质，特别是会计专业学生的综合素质并没有一个统一的标准，有的专家认为具有专业实践能力，能够处理某个企业的经济业务，管理好该企业的财务资源就具备了综合素质；有的专家认为大学培养的会计专业的学生，在未来工作和实践中，不但要具备处理某个企业的经济业务、管理好该企业的财务资源的能力，还应该具备把握企业未来，探索企业综合管理，全面提高企业经济效益与效率的能力。在未来企业经济发展历程中，企业对会计工作的理解将逐渐由基础的账目核算转化为使企业利润最大化的决策工作。这就需要会计人员具备优秀的管理能力，利用财务会计知识，提升企业管理水平，从而促进企业发展。会计人员作为经济管理人员中的重要成员，必须具备能够在会计实践活动中发现问题、总结问题、探索问题和最终解决问题的能力。

（三）树立培养学生创新能力的观念

创新是社会进步的动力，是未来社会发展的灵魂。会计教育创新必须树立培养学生的创新能力的观念。

会计教育创新是在会计这一特定专业体系研究活动中的创新。这种特定的与专业体系紧密结合的创新，将围绕会计学科教育，在会计学科教学体系、教学内容、教学方法、教学实践、第二课堂等方面进行创新发展。

会计教学是一个创新与发展的过程。它在管理经济中起到提供重要信息，并直接参与管理的作用，它是随着社会发展而发展的。社会发展是一种既有规律，又不完全按照既定规律发展的活动，因此，与社会经济发展相关联的会计活动，也必须在认识社会经济活动规律的基础上去研究和发展。同时，社会经济的发展通常又是一种螺旋上升的发展，社会发展的快慢由社会经济资源的利用程度和对社会经济资源利用活动进行管理的科学程度决定，而管理活动的科学程度又是由其创新能力和适应社会发展的能力决定的。因此，创新是推动管理科学发展的动力，作为管理科学重要组成部分的会计活动，也必须随管理科学的创新而创新。

大学会计教育是培养会计专业学生，推动会计知识传播的基础工作。为了适应社会经济的发展，会计教学工作也必须创新。同时，会计教育创新的关键是要培养学生的创新能力。因此，通过会计教学的创新，培养学生的创新能力是必由之路。

第二节 会计教学改革的必要性

一、互联网时代对财会行业的挑战

（一）人力资源结构的转变

正如达尔文所说的"物竞天择，适者生存"，企业人力资源管理结构也必须适应互联网经济所带来的革新，由此给企业整个部门结构带来新的机遇。

（二）成本管理系统的变革

大数据时代的到来极大地促进了会计信息化系统的全面发展，企业逐渐抛弃耗时耗力的传统成本管理方法，向现代化成本管理靠拢。然而，在此转变中还是存在诸多的风险。困扰企业的一个重要的问题是如何在大数据下的新型成本管理系统开发与更新费用与其得到的收益中间找到一个微妙平衡点。众所周知，开发与维护一个成本管理系统的费用还是比较高昂的，企业要尽可能实现投资获得效益最大化。

（三）数据安全性的冲击

大数据与会计信息系统的关系如同硬币的正反面。大数据可以使会计信息处理更加高效，但同时也会导致电子数据被篡改，降低了会计信息的可靠性、真实性。而财会企业对于电子数据的管理本身也存在一定的缺陷。例如，数据管理人员在工作的过程中由于操作不当造成电子数据破坏或者故意对会计数据进行更改，都将给企业带来巨大的损失。

在这个互联网高压下的财会行业，外部因素如病毒、局域网威胁等都会使会计信息化面临安全风险。例如，不规范的网络操作很可能让企业会计信息化系统遭受病毒侵袭，会计信息很可能会被窃取、修改或者破坏，从而使企业遭受巨大的损失。

（四）战略方式的变化

著名经济学家路德维希·冯·米塞斯曾提醒："就今日言，有很多人忙碌于资料之无益累积，以致对问题之说明与解决，丧失了其对特殊的经济意义的了解。"财会行业的革新使战略方式产生新一轮的变化，这确实是需要企业警惕的。传统的企业战略决策很大程度上依赖于管理层的主观经验判断，而随着客户的多样化和差异化日益突出，传统的战略决策方式将很难在复杂的环境中做出正确的战略决策。而大数据为管理层带来了海量的战略决策支持数据以及新的数据分析技术。通过运用大数据、云计算、物联网、可视化等多方面的数据分析技术得到更加直观的分析报告而非简单的数据信息汇总有利于管理层做出更加正确的战略部署。

（五）就业形势日益严峻

目前，财会高级复合型人才担任着预测经济趋势、决策企业经济发展战略方向等思维能力工作，在一定时期内绝对不会被大数据时代下的智能化所取代。所以，企业在招聘时更倾向于选择复合型人才，相当于向整个就业队伍提出更为严苛的要求。如今，我国财会行业产生了从初中级人力转向高级人力资源管理的局面，导致财会人员就业队伍中的初中级财会人员严重过剩，而高级的财会人员趋于匮乏的两极化现象。高级财会人员凤毛麟角，难以满足大部分企业的众多需求，而大量初中级财会人员饱和而可能面临失业，这给我们在校大学生以及应届毕业生带来新的思考。

二、互联网时代对会计教学的挑战

（一）高等教育的格局重构和生态重塑

互联网时代打破了传统高等教育的市场壁垒，使高等教育资源的跨国界流动和高等教育市场的跨国界拓展成为可能。以慕课为代表的在线开放课程不仅代表了一种新的教学样式，更将催生新的教育生态，由此引发高等教育市场格局的重构和教育生态的重塑。国外优质教学资源的输入，带来的不仅是国内高校的生存压力，也将威胁国家的文化安全。虽然科学无国界，但其传播中不可避免含有西方资本主义价值观和意识形态的渗透。当今世界，文化软实力已成为国际竞争力的重要组成部分，外来文化渗透不仅威胁国家文化安全，也会影响国家的文化软实力。

因此，必须站在全球战略高度审视高等教育的变革。高校学生是社会的精英、祖国的未来，如果我们不能打造自己的优质教育资源去占领教育阵地，去赢得广大青年学生，而让他们为外国教育资源所影响，后果将不堪设想。

（二）教学模式和教育理念的更新

现有的高等教育教学仍然以固定课堂教学为主，而兴起的慕课、翻转课堂等，将固定课堂教学转化成了以互联网为载体的新型教学模式，课堂主角从教师变为学生，学生开始自主学习，学习地点也不再局限于教室。随着移动学习终端的迅速发展，在线学习成为日常生活必不可少的内容。如果冲破学历制度上的政策壁垒和社会用人制度，互联网必将冲击高校的传统教学方式。高校的教育理念是以培养知识型人才为主，而高校学生大多是被动接受学校安排，以顺利毕业、找到工作为目标。因此，高校的教育理念必然要重塑，否则，会在越来越激烈的竞争中被淘汰。

（三）高校教师的角色转变

高校教师要适应互联网教育模式下自身角色的转变，即从信息的展示者向辅导者、解惑者转变。翻转课堂的模式下，教师先录制好视频，学生课下根据实际情况观看视频，自主学习，课上教师按照学生的问题提供专业的反馈，课堂的主角从教师变成了学生。互联网教育模式下的高等教育对教师提出了更高的要求，要求教师加速适应新型教学模式，掌握过硬的信息技术教育能力，提升信息技术教学技能。这在一定程度上冲击了教师传统的教学观念，尤其是中西部地区的部分教师。虽然国家提倡教育公平，鼓励中西部地区的教育发展并提供了信息化设备，但仍有很多教师故步自封，采用传统的教学方法，没有实质性的改变与进步。因此要转变观念，加速适应以互联网为平台的新型教育模式。

（四）学生面临更高的社会要求

在互联网全覆盖的今天，学习资源具有开放性和丰富性，但参差不齐，学生要学会在资源中筛选有效信息并理解消化，真正掌握知识。互联网教育模式下，学生自由选择学习时间及内容，但可能呈现无序性、重复性，因此要有效利用零碎时间将分散的知识点系统化，构筑知识网，过滤无用信息，掌握核心知识。网络的开放性必然会导致出现更多与学习无关的内容来分散学生的注意力，从而起到反作用，降低学习效率。因此互联网教育模式对学生的学习能力、自觉性等提出了更高的要求。

1. 创新能力的加强

"互联网+"时代会计专业学生要同时具备强大的解决会计事务的技能以及

创造才能。其既表现为创建有用的内在掌控机制来与社会需求相符，又表现为创造与变革会计督查、计算等详细会计岗位。

2. 应变能力的提高

"互联网 +"时代，互动性、及时性和变化性是市场信息的三大特点。会计专业学生不仅需要全面掌控会计学、管理学、经济学等方面的基础知识、内容和能力，从而拥有任职本专业岗位的技能，更需要具备的能力是能够与将来不断变换的会计环境相适合。衡量学生素质不应只看他适应现在岗位的能力，还要看他是否可以把新知识引进现有知识中，即看学生的潜力及发展情况。换个说法，即懂得凭借已然变化的客观环境，使用基础原理和专科学问去处理、解析现实问题，寻求新的工作方法。

3. 研究能力的提高

"互联网 +"时代，由于资源丰富，我们要接受的信息量巨大，所以每个人都要提高各方面的能力，成为一名综合性人才。会计专业学生不仅要有较强的处置与获取信息的技能、人际交往技能与话语表述技能，还要具备必需的研发技能，并掌握资料查找、文献搜索的基本方法。因此，为了训练学生探索新知识的技能与创造思想，技能提升应该被贯彻于教育的全过程中。

4. 综合知识的增加

会计专业学生不仅要熟谙国家相关法则、策略及目标，还应知晓国际会计常例，具备较高的专业外语与公共外语水准来进行国际经济交流，具有相应的国际经济交流需要的学问，特别是贸易、金融、税收、会计等方面的学问。同时还要具备操纵计算机的能力，包含策划计算机网络信息体系、利用计算机软件创建各类解析模式。

5. 通用型会计人才的需要

"互联网 +"时代开通的讯息资料为世界各地的学生打通了随处可见的学习之门，这会引发高等教育强烈的改革。在这个前提下，高校运用移动资料培养"通用型"专科人才具备了可能性。

三、会计教学改革的好处

（一）有利于提升高职院校会计教学竞争力

"互联网 +"时代能够给高职院校带来更多的信息化设备、更多的会计教育资源以及更好的人才培养模式，提升会计教学的竞争力。从信息化设备层面分析，会计设备的更新能够给会计教学带来稳定的基础设施建设，帮助学生了解新时代的会计设备，提升自己的设备操作水平和会计作业能力。从教育资源层面分析，信息化时代能够有效地促进教育教学资源的共享，将良好的教育资源向高职院校倾斜，更好地让学生对接企业需求。从人才培养模式层面分析，融入互联网技术，能够转变学校的人才培养目标，实现由理论到实际操作的良好转变。因此，新时代的发展能够从本质上提升高职院校会计教学的竞争力。

（二）有利于丰富高职院校会计教学的模式

传统的会计教学模式相对单一，主要通过会计作业和数据模拟实训进行操作，在操作过程中学生不能够接触到真实的数据信息，也不能够接触到优质的会计设备，取得的成绩往往只能是应试化的会计成绩，不利于学生的就业发展。而"互联网＋"的融入，能够获取更加真实有效的数据，让学生通过真实的数据进行会计实训模拟，同时可以利用新的会计软件系统，不仅让学生体验数据收集的乐趣，还能让学生通过数据分析和整理，发现数据中的各项问题，提升学生分析和处理数据的能力，丰富会计教学模式的内容。因此，高职院校可以利用互联网进行理论与实践的结合教学，利用多元化的教学活动，实现教学模式的创新。

（三）有利于加强学生对会计教学的认知

学生对会计知识的认知需要不断地提升，不能仅仅停留在基础、过时的层面。互联网时代，学生应该认识到仅仅依靠理论知识完全不够，还需要熟练地操作各种软件。优质的会计人员不单单需要初级会计资格证，更需要不断地进行会计实践，接触更多的财务处理设备，不断加强自己对会计知识的深入理解，提升自己的认知水平。因此，时代的发展能够帮助学生转变理念，不断地适应时代的要求，提升自己的实际技能，增强就业竞争力。

第三节　会计教学改革的可行性

如今高新科学技术对经济发展产生的影响越来越大，科技成果转化为生产力的周期也一直在变短，知识更新换代的速度正在加快。经济全球化时代，以计算机技术为代表的信息技术已经渗透于会计教学和实务的各个方面，所以我国会计教学的信息化和国际化是必备需求。信息教育、专业教育、创造性教育、道德教育、外语教育和计算机教育六大体系构成了于玉林提出的 21 世纪会计教学引导思维含义的主体。

一、信息化建设为会计教学改革奠定了基础

目前国外已经开始普及使用可扩展商业报告语言作为财务报告的主要形式，我国有必要将这一革命性的最新应用扩展到会计教学和科研的各个方面。可扩展商业报告语言，是以统一的计算机语言形式和财务信息分类标准为基础的，使财务信息可以跨平台、跨语言，甚至跨会计准则，进行即时的、电脑自动化的上报、搜集和分析的一项信息技术。目前，此技术只应用于我国上市公司在上交所和深交所两个证券交易所的网站上，其他各方面的应用较国外。我国的会计信息化教育可以此为着重点，抓住当前的机遇，满足时代的要求。

二、国际化为会计教学改革提供了方向

互联网时代，信息沟通顺畅，经济更加趋于多元化和全球化，所以要不断发展会计教育的国际化。在会计教育的国际化方面，除了教育形式和培养目标的国际化，目前国际化的关键点在双语教学方面。会计的双语教学主要包括教材的国际化、授课和考试主要使用英文、师资的国际化三部分，这三大方面也是我国目前主要面临的三大问题。在英文原版教材的选取上，很多高校存在版本过旧问题，未能及时根据国际变动而更新。在授课方式上，没有完全将外语形式的专业教育与外语语言教育区分开来。师资上面过于依赖有限的本校双语教师，而未能发挥外教的作用。其实适量以外聘或同国外大学合作的形式引进国外会计专业教师授课，可能会达到更好的效果。

三、专业化和实用性为会计教育改革提供了途径

伴着连续增加的社会竞争，高校学生掌控基础知识的程度与研究生或更高级别的研究者相比并没有优势，而高校更偏爱训练学生的专科技巧，从而让学生凭借较高的实习技能以及熟练的业务素养担任工作职位。

学生的训练方向是由高等学校对于用人机构和社会部门的需求决定的，这也是高校在教育教学中尽最大努力为学生提供模拟与实习机会的原因。终归夸夸其谈式的会计教育是无意义与价值的。从实践情况看，一般用人机构不愿意劳心费力去训练会计专业学生原本应当在学校获取的能力。

四、相关学者为会计教育改革提供了理论

在"大数据+"背景下，会计人才培养模式的改革与创新是一项长期的工程。在人才培养模式创新的探究中，高校作为会计人才培养的主阵地，应当提高对创新会计人才培养模式的重视程度，在充分认识人才培养存在的问题的基础上，采取积极有效的措施，时刻关注"大数据+"的新变化、新要求，增强高校会计教育的时代性、先进性。针对上述问题，程利从几个点出发，分析出"大数据+"背景下高校会计人才培养的新要求。高校在培养会计人才的模式上应该结合时代背景要求，积极进行教学探索，改善教学模式，培养出更为合适的会计人才。孙迎坤、李永平充分运用截至2017年的10篇研究文献，以"会计人才培养模式"为研讨的立足点，以河北经贸大学会计专业为研究基础，分析高校在"大数据+"背景下会计专业人才培养的现状，突出会计人才培养模式创新的必要性和重要性，并从人才培养目标、课程体系、师资力量等方面提出会计专业人才培养的优化方案。赵克辉提出"融入式"创新型高职会计人才培养路径，其核心是将创新教育理念与创新内容融入现代会计人才培养体系和教学过程。江小琴基于管理会计人才应具备的技术能力、人际关系处理能力、决策能力三大核心能力框架，提出从基础级、中级、高级、专家级四个层级有针对性地改革会计专业技术资格考试制度，加快管理会计信息化建设，为管理会计人才能力框架构建提供强有力的技术支撑。温月通过分析大数据时代管理会计存在的认识滞后、技术落伍、人才匮乏、理论欠缺四大问题，提出高校应重视管理会计人才的培养。熊磊提出鼓励有条件的高校在本科（研究生）阶段设立管理会计专业（管理会计方向），将管理会计作为会计学、财务管理、审计学等经济管理专业教学的重要内容，加强管理会计课程开发，通过外引内培等方式多措并举加强管理会计师资队伍建设。李克红则直接提出"三层两式"的管理会计人才培养模式，即基础能力、会计专业能力、全面的管理与创新能力三个层次和传统教学与"互联网+教学"两种模式。

第四章 "互联网+"时代会计教学改革路径

本章为"互联网+"时代会计教学改革路径，主要从教学形式的改革、教学方法的改革和教学资源的改革这三个方面进行探索，以期找到会计教学改革的正确路径。

第一节 教学形式的改革

一、转变教学主体

传统的教学理念是以教师为中心，教师集制片、导演、演员三种角色为一身，学生是观众。在这种教学模式下，学生的地位是被动的，课堂气氛是沉闷的，阻碍了学生的创造性思维的发展，学生分析问题、解决问题的能力低下。尽管大多数教师能将计算机多媒体技术应用于会计教学，但新的问题随之出现，最典型的表现就是由于教师课堂板书的减少，课堂上讲述的内容以演示文稿的方式呈现，导致课堂教学的知识和兴趣点转移。

在互联网时代，会计教学模式的改革首先就是教学主体的转变。利用互联网技术可以让学生成为会计教学活动的主体。教师是制片和导演，学生要从原来的观众转为演员，实现教学主体学生化。让基于知识传授的课堂教学方式转变为基于问题解决的翻转课堂的教学模式。具体的做法是，将会计教学中知识性的内容以微课的形式通过互联网课程平台发布，学生利用课余时间观看视频进行自主学习。每个学生可以根据自己对知识的掌握情况控制学习进度，没有学会的可以反复学习，实现自主学习和个性化学习。课堂教学不再讲述知识性的内容，而是提出新的问题，让学生利用获得的知识去解决问题，通过解决问题的过程完成知识点的内化。课堂教学的重点是帮助学生解决学习中遇到的困难和问题，教给学生解决问题的方法和思路，教师成为学习的引导者。以问题为导向的课堂教学模式可以促使学生去完成更多的阅读和学习，这样才能解决问题。

课堂教学主体的转变可以激发学生学习的兴趣，提高学生分析问题和解决问题的能力。

二、适度增加大数据等会计技术创新课程

现有的会计人才培养方案中与大数据、互联网等相关的课程极少，如计算机基础、会计信息化等课程，并没有专门的大数据课程模块。培养方案应该重视学生对大数据的利用、分析、预测和判断等能力的提高，使学生从传统的核算型会计人员逐渐转化为能够创新并为企业带来更大价值的管理型会计人员。财务人员不能仅仅局限于财务部门内部的流程，还应该对企业各部门分支的业务流程进行了解，学会进行数据的采集以及对采集的数据做合理的筛选分析，并参与管理预测与决策。这就需要培养目标不能仅局限于对学生会计核算能力的培养，更需要对其数据挖掘与分析、管理与决策、沟通协调等综合素质进行全面培养。培养方案作为高校专业教学的总纲，应该及时地进行更新。在传统会计知识课程模块的基础上，根据更新的培养方案和师资情况逐渐增加如数据分析、数据挖掘、信息系统操作及信息系统审计等专门课程。随着大数据时代的到来，获取大数据的可能性大大地提高，如可以从企业内部的信息系统中获取大量数据，也可以从公开的网站上获取海量信息，这就为数据分析和挖掘的课程设置提供了可能。在获取数据后可以采用建立模型等研究方法对数据进行挖掘分析，通过大数据分析与挖掘等课程设置来提高学生分析大数据及解决问题的能力。所以学校在条件允许的前提下应该让学生多熟悉和应用财会软件、管理软件和数据分析软件以提高其运用信息技术的能力。在课程的设置方面，首先可以增加会计信息化课程的比重，强化学生对相关财务软件的运用能力，使会计电算化与会计专业课程更深度地融合，从而使学生提高专业能力。其次，加入大数据分析软件和统计软件使用的相关课程，强化学生对企业和行业数据的搜集、筛选和分析能力，确保会计人才的工作能够更好地为管理和决策服务。

三、成立业余制成建制班

在现有人才培养方案已经确定，且已经对大一或大二年级的学生进行培养的情况下，可以对大二或大三年级的学生，采取业余制成建班的方式开展补课模式。这种业余制成建班最好能与实施大数据战略的注册会计师事务所或专门的大数据公司开展合作，一方面，可以聘请这些公司或事务所的实战人员来高校上课，弥补高校缺乏这方面师资的短板；另一方面，也可以在对学生进行培

养后，让学生直接去这些公司或事务所实习，以提高学生的大数据分析和挖掘能力。

四、开设"大数据＋会计实验班"

在产学研结合的改革指导思想的指导下，与实施大数据战略的行业及公司合作开设全日制的"大数据＋会计实验班"，是大数据＋会计人才培养的最佳选择。其招生可以采取两种方式：一是作为会计专业新设方向直接列入招生计划目录在全国统一的高考招生中录取，这种方式最规范；二是在全校范围内的大一新生中进行选拔，这种方式比较灵活，给入学新生第二次选择专业方向的机会。如果高校在进入目录招生方面没有什么政策障碍的问题，则建议采用第一种方式，因为这种方式规范且招生成本最低。

五、构建和实践"产业学堂＋会计工厂"教学模式

"产业学堂＋会计工厂"是引进来和走出去的结合，是与代理记账协会、企业和会计师事务所的深度合作。大数据和人工智能时代，产教融合的最佳方案就是会计工厂走进校园，打造新财经职业教育生态系统。"会计工厂"通过真账实操走进校园的模式，由实战专家进行指导，财税类专业的学生亲自参与实践，形成了既满足代理记账行业降低成本、规范业务等需求，又为学生提供了真账实操的改革创新教学模式，实现校企合作、共同发展的目标。"产业学堂＋会计工厂"的构建，一方面为学校会计教学提供了真实的业务、真实的岗位和流程，是会计教学由"仿真实训"到"顶岗实习"的飞跃；另一方面为代理记账行业解决了场地租赁及会计人员聘用等问题，实现了双方的合作共赢。具体思路如图 4-1 所示。

总之，高校可以根据自身实际情况进行模式选择。同时在实施改革方案的过程中要注意到基于"一带一路"的地方高校大数据＋会计人才培养模式是一个开放的系统，是运用开放、合作、协同的教育教学理念，针对传统会计人才培养模式主体单一和相对封闭的缺陷，形成产学研相结合的一种会计人才培养共同体。高校要充分把握产学研结合的政策导向，广泛利用大数据产业资源，切实增强高校大数据＋会计人才培养的自主能力，全面提高大数据＋会计人才培养的教育教学质量，快速提升大数据＋会计人才培养的质量和水平。

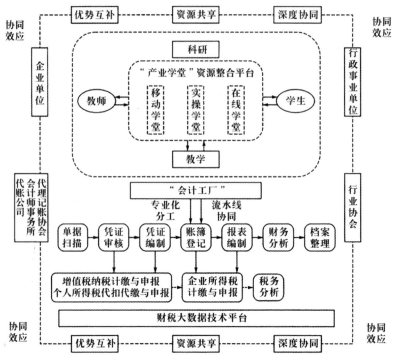

图 4-1 "产业学堂 + 会计工厂"教学模式图

六、转变对会计学专业学生的考核方式

我国现有本科会计学专业的学生在毕业论文环节通常还是采用论文的方式。其写作内容大多都是对自己找到的相关数据做一些网络上随手可得的分析，或者是对会计理论的一些纯粹理论性的探讨，缺乏自己独立思辨的过程。在这一点上，ACCA 的方式则不同。ACCA 最高一级的考试，学生要在 3 个小时内，对考题给出的企业数据做出分析、判断，写出完整的分析报告。这对学生的数据处理能力有更高的要求，也要求学生在日常生活中，更多地去关注有效的数据的搜集并提前做好加工，而不仅仅是在写论文的两三个月中，才去关注行业内的相关信息。在平时信息的搜集中，不仅仅要关注会计行业，或许还有金融业、制造业甚至政治学。这才是真正做到了大数据的处理加工。

第二节 教学方法的改革

一、学习方式的创新

（一）充分利用互联网资源

现如今互联网发展迅速，越来越多的学习网站、软件应运而生，使我们的教育环境越来越开放，教育资源越来越丰富。在课程设置上，应当将网上自学和教师授课结合起来。在每次教师授课前，都安排网上自修课，让学生自主完成基础知识学习、课程的预习。学生还可以在课余时间充分利用视频教学资源，做好课后复习，对重点、难点、考点着重学习记忆。

（二）组建学习小组

根据学生的不同性格特点和知识水平，设立多个学习小组，各小组自行推选组长。小组长负责记录小组同学的表现。学期末将学生一学期的课堂表现进行折算，计入平时成绩，并将上学期的期末成绩和这学期的期末成绩相比较，进行数据分析，调整下学期教学方法。如此可以促进师生互动，提高学生学习的积极性，激发学生的学习动力，锻炼学生的思维能力，从而更好地促进学生学习进步。

（三）学生自主备课教学

在传统的大班教学模式下，教师不可能针对每个学生的不同情况进行不同讲解，一些知识点的讲解不能照顾到个别同学的需求。所以，针对这一现象，采取让每个人都有机会成为"小老师"的方法，让学生轮流对一个知识点自行备课，然后在课堂上利用5~10分钟向其余同学进行讲解。这种由学生自行备课讲解的教学方法有助于学生从他们自己的角度思考问题，激发学习的参与性，使学生能够更好地更深层次地理解这个知识点，也有助于提高学生对学习的重视度，提高学习的效率，取得更好的学习效果。

二、实践能力的培养

（一）理论教学与实操实训齐头并进

随着数据时代的到来，越来越多的数据采用电子计算机处理，传统处理方式逐渐不受重视。然而，还处于传统教育模式下的学生存在实操实训能力非常弱，看着数据却不知道该怎样处理的问题，甚至有的学生都没有见过实物的报表或发票，这种现象极为突出，必须加以整改消除。随着时代的发展，社会对人才的要求渐渐提高，因此高校既要重视理论知识的教授，更要突出实操实训的教学，在教学的过程中，既教授学生登记纸质账簿，又指导学生在计算机上操作实践，这样才能使得学生在日后能更快更好地适应岗位。

（二）学有所用，参加活动竞赛

新时代高校培育人才的核心是重实践、重创新、重能力。因此会计教学要做好学生活动竞赛规划，将专业活动竞赛作为学生素质拓展的路径。在大一期间帮助学生掌握基础会计知识，要求学生参加学院举办的专业技能大赛，大二、大三培育选拔优秀者参加全国性的比赛，如大学生财会实务大赛、全国大学生 ERP 大赛等，让学生将课本所学知识学以致用，激发学生的兴趣和潜能，培养大学生的团体协作意识和创新精神。这一做法将对学生的实践能力、创新能力、创业能力和团队精神的培养发挥重要作用，使其能够更好地适应时代发展的需要。

（三）备战职称考试，提前做好入职准备

职称也称专业技术资格，是从事某一职业所必备的学识和技能的证明。会计专业的职业特殊性决定了从事会计有关工作就必须取得相应的职称，从基本的初级会计职称到注册会计师职称都是学生需要攻克的难关。所以高校要积极鼓励学生在校期间就开始准备职称考试，课堂教学也应针对职称考试内容进行讲解，使学生都能在毕业前取得初级会计职称，一毕业就能迅速适应岗位，服务企业与社会。

（四）参加实习，丰富社会阅历

实习的目的是将所学的理论知识与实践结合起来，培养勇于探索的创新精神，提高动手能力，增强社会适应能力。大学生实习是会计教学方式改革创新的重要

部分，是培养学生解决实际问题能力的第二课堂，更是积累知识、经验的最佳途径。高校会计教学应做到课堂教学与社会实践相结合，为学生提供暑期实习的机会，并安排成绩优异的学生深入实践，实地见学，将所学知识运用到会计实务中，了解实际工作中的处理流程，查找不足。这对学生开阔视野和日后走向工作岗位起着重要作用。

三、内在素质的提升

（一）提高身体素质

教育部原部长袁贵仁在全国推进学校体育工作电视电话会议上提出"体制不强，何谈栋梁"的八字箴言。大学生是一个时代的精神支柱，到社会会成为未来的社会精英，会成为一个家庭的顶梁柱。然而，现在有的大学生生活方式不健康，生活作息不规律，精神状态不佳，身体素质低下。在这种亚健康状态下，想要高效率地学习是很困难的事情。高校应加入以"锻炼身体、增强体质"为目的的运动训练，每天锻炼一小时，以田径项目为基础，穿插趣味小游戏，丰富内容，调动学生参与的积极性，提高学生的身体素质。

（二）推进课程思政

高等教育司2018年工作要点中强调：要落实好专业思政、课堂思政。所有课堂都有育人功能，都是思政课。高校要创新"课程思政""专业思政"，以"价值引领、能力本位、知识教育"为基调，本着"一体多翼"的原则，以专业理论课程教学创新改革为主体，以人文素质课程、思想理论课程为"多翼"，把课内课外、显性教育与隐性教育结合起来，优化资源配置，发挥协同效应，努力构建全员、全课程思政教育与专业教育相结合的教学方式，引导学生树立社会主义核心价值观，培养学术精神、职业道德、责任意识，让学生在专业学习中能够更加勤奋、专注，将知识、能力、素质有机融合，真正将专业能力和思想素质内化于心，外化于行。

（三）自主组织活动

鼓励学生自主组织活动，有助于培养学生的领导和管理能力。在社会飞速发展的今天，国内外的绝大多数企业都很重视并乐于花精力提升管理层的领导能力和管理能力。这也说明无论是对政府部门还是企业而言，领导能力和管理能力的提升都有着非凡的意义。因此高校应鼓励学生组建自己的团队，自己组织活动，吸引更多的同学参与其中，在活动中将知识融会贯通，更好地培养学生的管理和领导能力，为学生毕业后进入企业工作或是自己创业打下坚实的能力素质基础，缩小人才培养和社会职业能力需求之间的差距。

第三节　教学资源的改革

高校应从"以教学方式改革为目标，以教学内容改革为基点"的框架出发，将两者有机联系起来，贯穿整个教育教学的始终，真正输出适应现代化经济社会发展的高端型会计人才。图 4-2 为教育教学改革路径选择。

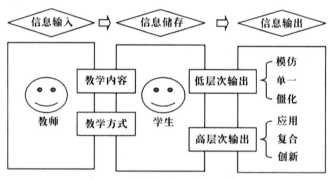

图 4-2　教育教学改革路径选择

一、信息输入方式多元化、差异化、特色化

（一）坚持以学生为中心的教学理念

以教师、教材、教室为中心的传统教学模式，形式单一，课堂授课效果难以适应快速发展的经济社会需求。随着"互联网+"时代的到来，人们的思维方式、体验方式逐渐往小而美上转换，教学需求也同样如此。因此，高校应该适应需求，探索建立"教师引导、学生主导"的参与式教育模式，以"学生的需求、学生的学习、学生的效果"为中心，广泛开展启发式、小班化研讨式、参与式教学和非标准化考试的课程教学范式改革，充分发挥学生的积极性、能动性和创造性。

（二）从"授之以鱼"转向"授之以渔"

互联网时代的经济信息具有高速爆炸的特征，这也需要高校重新定义会计专业的教育目标，注重从静态的知识传授向激发学生求知欲望和自主学习能力的养成转变；帮助学生掌握专业基础知识的同时提高其发散思维能力，使学生进入社会后面临网络时代每一项新的挑战，能够快速进行自主学习，掌握先机，立足于社会。

（三）推进信息技术与教育教学深度融合

教育信息化是教育现代化的重要标志，"完善教育信息化，促进教育现代化"是各高校发展战略的重要体现。首先，各高校应尽快实现教育信息化硬件设施的全覆盖，主要包括智能化教室、微型教室、慕课教室的建设，以及网站、软件等移动学习端的开发应用等，为学生提供更加多样化的教学学科平台。其次，利用"互联网＋"技术，建立教师学生交流平台，鼓励学生同教师交流学科问题，研究解决方案，进一步提升学习的效果。最后，构筑网络资源共享数据库，鼓励高校教育者之间相互交流，以数据库的形式来分享教育心得、学科热点，提高全体财会专业的知识教育和发展水平。

（四）建立科教协同育人机制

科研与教学工作相辅相成、相互促进、缺一不可。教师只有注重科学研究，才能及时洞悉学科的前沿动态，才能在课堂上有针对性地增加教学的深度和广度，提高教学质量，以此来提高学生的创新能力。因此高校应该在大力支持教师进行教学研究的同时进行科学研究，为大学教育提供源源不断的原动力。

（五）强化会计职业道德法治教学

高等院校会计专业教学工作的改革并不能停留在理念层面，尤其是在新会计准则推行以后，会计工作内容越来越复杂，这给会计从业者的职业道德水平带来了新的挑战，因此高等院校会计专业教师必须尽快认识到培养学生职业道德的重要性，尽快采取措施提升学生的职业道德修养。首先，应着重培养高校会计专业学生的诚信意识，要求他们在学习和工作中一切"以诚信为本"，在加强专业化理论教学及实践教学的基础上，强化学生的诚信教育，保证他们在毕业后都能在自己的岗位上诚实守信地完成工作任务。其次，高等院校方面还需要强化会计专业的法治教育工作，将公司法、会计法、证券法及合同法等会计行业相关法律融入专业教育当中，从而提升学生的法治意识水平，并强化他们对专业相关法律的理解，为学生以后的发展打下坚实的基础。

二、输入内容时代化、完整化、衔接化

（一）完善会计教学体系

随着互联网时代的到来，会计工作更加注重经济与管理的统一，且由于人工智能的快速发展，财务会计的核算和监督的工作面临着被机器替代的风险，管理会计的重要性由此更加突出。因此高校应立足长远，重视管理会计人才的培育工作。高校需要设置相应的课程体系来应对复杂的市场环境，做学生的指路明灯，帮助学生了解会计环境，了解信息化对会计行业的影响，进一步提高其专业能力。

（二）建立岗证结合的课程体系

会计学作为一门应用性很强的学科，其工作岗位具有一定的排他性，会计人员需要特定岗位从业证书才可以参与实际工作。因此，高校应将岗位证书的培训内容融入日常教学当中，或者建立专门的课程对其进行培训，实现工作与专业课程学习的有机融合，使学生毕业即可参与到相应的工作岗位中，不需要耗费精力进行二次培训学习。

三、引导输出方式应用化、创新化、复合化

（一）加大创新创业教育的力度，搭建多路径的创新创业平台

"大众创业、万众创新"在这个互联网时代更加被重视，创业创新是一个需要长期积累的过程，其前提是建立一个具有创新意识、革新意识的人才培养系统。基于此，各高校应该加大创新创业教育的输出力度，培育真正具有创新意识和创新能力的学子。具体改革方式如下：一是积极创建具有创新意识的校园环境，激发学生的创新意识，学校可定期举办创业大赛、邀请各界人士举办创业讲座等；二是增加创新创业课程的比重，为学子提供良好的创业技能培训；三是建立鼓励机制，对于参与创新创业并取得成果的学生实施资金支持奖励制度，鼓励其进行创新。

（二）深化校企合作，提供多渠道实习平台

注重理论与实践的结合，强调基础理论知识的系统掌握和学科前沿知识的重点把握，通过鼓励学生参加创新创业比赛等，深化学生的理论认知。一是构建与完善理论与实践相结合，课堂理论教学、实践教学、专业竞赛交融的课程体系。在教学过程中穿插多种形式的校内外实践教学，通过边讲授，边实习实训，边参与专业竞赛的形式，将知识、能力、素质培养融为一体。二是按照会计岗位职业能力要求，设置业务导向型专业课。与会计师事务所等部门联合开发公共平台核心课和专业方向课，形成教学软件、教学大纲、实验实训方案、考核方法和考核指标体系等教学资源。三是实行课证结合，改革教学内容。增设与会计职称证书考试相关的证书课，优化"会计学""财务管理""中级财务会计学""经济法"等相关课程的教学内容，为会计相关考试奠定基础。

实践出真知，会计学是一门操作性很强的学科，"互联网+"时代会计专业人才的培养，更离不开实践教育的推动。高校应该加强与校外各类型单位的交流、沟通和合作，共同建立健全实践环节的人才培养方案，包括专业阶段的理论学习以及实践阶段的技能学习，共同实现产学的有机结合。合作模式可以包括以下几个方面：一是专业共建，各高校根据自己输出人才的目标寻找契合度高的企业进行合作，共建专业机制；二是顶岗实习，高校有针对性地进行人才培育，选取优秀学生到合作单位代岗，可以让学生熟悉操作的一整套流程；三是推荐就业，对于校企合作表现优异的学生，也可以通过线上线下云技术平台精准定位，推荐适合的工作。

四、组建一支先进的教学团队

以重庆财经学院为例，教师团队中除了有理论科研能力很强的教师，学院也向企业吸纳有实践经验的教师。现有教师团队在专业理论和专业实践上都是优秀的，但能熟练使用大数据的教师并不多。高校在培养师资的时候，可以首先引进一批既有实践经验又有相应大数据应用能力的教师，但是这类人才比较稀缺，引进的难度相对较大。所以，高校可以着力培养校内的师资，比如，给教师们创造学术交流的平台，或与企业合作进行产教融合。另外，高校也可以鼓励教师考取数据分析师或注册会计师之类的证书，在学习过程中培养自身的能力和素质。同样，学校也可以邀请该领域的专家为在校教师做相应的指导。通过此类办法，可将教师团队打造成能培养市场所需会计人才的精英团队。

第五章 "互联网 +"时代会计教学改革的实践应用

本章为"互联网 +"时代会计教学改革的实践应用，主要介绍了三个方面的内容，分别是慕课在会计教学改革中的应用研究、微课在会计教学改革中的应用研究和翻转课堂在会计教学改革中的应用研究。

第一节　慕课在会计教学改革中的应用

一、慕课的起源与特征

（一）慕课的概念

慕课（MOOC）即大规模开放在线课程，是互联网时代教育领域出现的众多全新课程模式的一种。慕课这类课程存在时间还不是很长，因此，不难推测出该课程术语的结构体系在一定程度上是不完善的，这方面的许多问题还需要进行一定的探究，还有诸多问题需要解决。但我们并不能因此而忽视慕课的重要作用，而应对其客观评价，从多个角度来探索解决这些问题的方法。这就要求我们不单要从慕课这个客体出发考虑问题，更应该从主体本身来寻找解决问题的方法。例如，学习者在遵循慕课原则的基础之上，应善于从自身条件出发，为自己选择最快最好的学习方法与技巧，以促进自身圆满完成在线学习、互动、考核、测试等任务，帮助自己掌握学习的精髓，以获得相关方面的认证，也推动自身向着更高的方向发展。正因为慕课具备以上的优势，所以引起许多地区和国家的高度重视，甚至建立了一些专门研究慕课的专业机构，用于对慕课多方面的具体探索和研究。即便如此，各个国家、地区，不同流派之间对慕课的讨论也是截然不同的，就更别说各国人民对慕课的认识了。而产生这一切现象的原因，无非是各国的经济、政治、文化的发展方式及结构构造的差异。为了让更多人更加深刻地了解到这类问题，下面我们将一一进行详细列举。

追溯到慕课的起源阶段，慕课的概念都是与关联主义学习理论紧密联系在一起的。该理论认为学习就是通过建立非正式的网络关系而产生、发展起来的。研究表明，慕课是学术理论研究方面的重大成果与结晶。一方面，关联主义学习理论不仅是学术理论研究方面的重大里程碑，而且是推动互联网时代发展的巨大动力。另一方面，慕课也在学术上占据着重要的地位，即慕课是将关联主义学习理论运用到实践中去的最好证明。它的出现，不仅为信息时代的发展提供了不可或缺的养料，而且为知识经济时代的到来提供了一条捷径。当然，慕课的基本特征是多方面的，它是一类规模巨大、开放范围广阔、在线使用、终身免费的课程。除此之外，具有特殊性质的慕课还善于运用互动式的交流方法来进行学习，它还强调学习者的高度主动性、教学内容的无规律性，以及建立学习通道的必要性。在学术发展史上，曾经还出现了一类典型的以行为主义学习理论为基础的著名的慕课课程，这类课程便是著名的 cMOOCs，其以互联的、合作的学习为研究基础，同时运用"物以类聚，人以群分"的原则来进行课程的构造。另外，当提及以上慕课的发展源头，不得不提到由后来斯坦福大学进行的名为"xMOOCs"的实践研究。不仅如此，cMOOCs 的研究范围还扩展到了运用新型的应用信息技术的教学，这就从另一个方面体现出了该课程对新型课堂教学做出的巨大贡献。此外，还应引起高度重视的是，cMOOCs 还有另外一个与众不同的定义：它是对网络时空的无限延展；它是一种"从实际出发，实事求是"的教学手段，在此特点中，它着重强调的是"教授和练习"等一系列的教学环节。由以上分析可知，要想充分发挥慕课的积极作用，选择一定的执行主体是十分必要的，因此，该课程的执行者应该是具备某些优势的个体。

从浅显的层面来看，慕课是一种规模较大、在线率较乐观、开放性较高的课程模式。从较深层次的角度出发，我们可以从牛津词典的角度进行解释，具体内容如下。"MOOC"属于"学习课程"的一类，具备以下特点：靠信息技术获得；具有相对的公益性特性；对于参与的人群没有社会地位、道德素质、伦理思想等任何的限制（唯一的条件是其具有学习的兴趣）。还有一种解释将其归纳为远程教育最新的发展成果，而这一说法来源于维基百科中的典型词条。它将"MOOC"看成无严格人数限制的、具有广泛主体性的在线网络课程。同时，对于学习者而言，它的运用还存在以下优势：提供课程视频成品；提供具体的阅读材料和问题试题；提供用于交流的平台。当然以上优势产生了一定的效果，那便是为学习者和教授、助教们的交流提供了一个良好的条件与途径。

　　总的来说，与传统网络课程相比，慕课存在着以下优势：提供给学习者准确率较高、效用性极强的课件资料、学习视频及试题答案；为学习者提供了比较有针对性的讨论命题和思想理论；同时，还为学习者提供了比较有学术性的讨论平台。而开展慕课的效果是多方面的：第一，可以使不同层次的学生在一个比较广阔、平等的平台上进行比较正规而有技术含量的学术讨论；第二，可以打破不同学术人群之间的界限，将对学习有极高兴趣的学生与广阔远见的专家学者紧密联系在一起，从而在学术界中形成一片"强帮弱，合作共赢"的壮烈景象。当然，更值得重视的是，这类课程存在以下优势：课程全程无任何人群、知识水平方面的限制；无时间限制；更没有学习环境的限制。除此之外，更为重要的一点是此类课程无资金门槛限制，可信度极高。而且尤为重要的是，此类课程打破了以往的平台限制，具有广阔的交流平台，能够在学习者惯用的新媒体中进行传播。

　　就英语单词这方面而言，我们不难将"Massive"一词翻译为"大规模"这个意思，而从学术层面来说，"大规模"是指学习者课堂容量的规模很大。从比较浅显的层次来看，我们可以将其简单地理解为数量很多，就这一点而言，我们可以将其精练地归纳为"限度"问题。从当前的情况来看，传统的线下课堂人数一般控制在 100 人以内，有的甚至远远不及百人的 1/3，但即便如此，这类规模的课堂人数也并不算太少（尤其是高校的通识课与公选课课堂），这便是传统课堂与慕课课堂的一个显著区别。因为对于慕课课堂而言，100 人的课堂几乎是不存在的，其规模至少是几百人、几千人甚至是几万人，这还不包括没有上限的。由此可知，慕课课堂学生的数量是普通课堂学生数量的无数倍，对学习这门课程的人员数量不做任何要求。当然，这是通常的情况，特殊情况除外，因此，从不同的角度凸显了慕课的规模之"大"。一般而言，Open 这个单词表示的是"开放"的意思，那么，这里的"开放"具体是什么意思呢？下面我们将一一解答。就当前开展慕课的形式而言，现有的慕课开展过程都是不需要收取任何费用的。凡是对该课程有着迫切向往的学习者都能参与进来，不分国籍，只需一个邮箱，就可以免费注册参与。不仅如此，在全部课程都结束后，学习者还享受一定的福利，即学习者可以通过在线测试等多种手段，与专家学者进行长期的亲密互动，并且还能得到由此平台颁发的非纸质版证书。同时，慕课的发展还存在着一个不容乐观的趋势，即某些慕课平台为了抓住学生的眼球，提高其本身对学生主体的吸引力，主动与能够为学习者提供学分的大学合作，从而要求学习者必须为此去支付费用。因此，我们从中可以看出，这在一定程度上提高了慕课学习的要求（尤其是指高校的通识课与公选课课堂）。

通常来说，Online 是"在线"的意思，具体来说，它不仅是互联网的象征，更是开展慕课课程的载体。慕课教学处于比较先进的信息网环境之中，实施教学不受时空限制，所以能够被称为"大规模""开放"这些词的"代言人"。但是，就这方面的"在线"而言，仍然有不计其数的人存在很多疑问：慕课的课程资源内容主要包括哪些方面呢？慕课到底是以什么样的形式来进行交流的呢？必须要有学生和教师同时存在吗？而这些疑惑的根源是慕课与传统网络课程资源之间的巨大差异。同时，这也从另外一个方面体现出慕课的相对优势——其可以使师生之间在非线上的交流变得越来越频繁。

众所周知，"MOOC"这个专有名词的最后一个单词是"Course"，同时，它也是这个名词的画龙点睛之笔。究其实质，"Course"并不单纯指单调的课程规划设计，也不是指网上随时可见的学习资料，而是"精选课程"的具体表现。而它所代表的具体内涵是多方面的：第一，指课程、教学方面的重要影响因素，具体则指其重要的设计理念、教学过程中应注意的事项、讲课内容的选择与制作标准；第二，指从线上到非线上所有教学的全动态过程。它包含了课程和教学的设计理念；第三，则指教学过后学习者最终获得学分与互评情况等。

（二）慕课产生的背景

从历史追溯至今，信息技术的发展为世界政治、经济、文化等重要领域带来了翻天覆地的变化，慕课这一教学形式也无时无刻不在受信息技术发展的影响。另外，不能否认的一项事实是，慕课的发展必然会推动时代教育的发展走上另一个高峰。

1. 大数据时代的产物

在信息技术高速发展的时代，信息技术全方面融入现代社会，人们的工作、生活、学习各方面都出现了翻天覆地的变化，集体呈现网络化趋势，这为人类各方面的发展提供了技术层面的支持。人们开始探索将信息技术融入教育，通过对传统课堂的课程框架和实施流程的全方位升级改造，催生出"互联网＋教育"的全新的教育模式。在线教学方面，信息技术的发展以及互联网的普及更是为学习者提供了无数便利。譬如，为所有学习者提供无地域、空间限制的学习资源，大大提高了学生与教师之间的交流频率。技术创新还会产生以下成效：使课程制作的成本降低，让在线授课这种教育方式变得更容易；人们的社会活动由于受网络信息技术的影响发生了与日俱增的、不可估量的变化；就以前而言难以完成的挑战由理想变为了现实。其中，比较常见的例子是智能手机、平板电脑等现代信息技术产物的出现，不仅可以打破人们学习的时空限制，而且还能大大提高学习者的学习效率，突破以往在线教育学习的常规标准。

2. 传统教育的弊端

万事皆有利弊。传统教育当然也不例外。相对而言，传统教育的弊端在于过度限制学生的学习场所，注重以固定的思维习惯来限制学生的学习方式，严重忽视了学生本身的独立思考和学习能力，导致其潜能被埋没，思维被限制。正像著名教育家杜威在"儿童中心论"中所阐述的那样，最好的教育方式便是将理论投注到实践当中去，即将一切教学理论充分运用到教学实践中去。而此理论的根据便在于通过学习者在实践中的体验，可以充分激发其学习的主动性、积极性、创造性，以达到"事半功倍"的效果。更何况是在知识经济时代的今天，要想使教育发展符合新时代的进程，就必须赋予教育新时代的意义，我们不能仅将教育当作一份帮助学生适应学习的工作，而应将它作为培育全方面人才的捷径。从以往的经验中，我们已经充分意识到，传统教育模式所培养出来的学生不是新时代发展所需要的全方面发展的人才。因为，在传统教育体系下培育出的人才，往往是只重理论，难以将理论运用到实践中去的"机械性人才"，而这种人才并不能达到以上要求。因此，这不仅警示我们在学习的过程中，应该根据自身的具体情况来选择适合自己的课程，甚至是学习方法和策略，还应该充分利用网络这个媒介来进行学习。因为，在网络上学习存在着很多的优势，如具有更加灵活的时空选择。除此之外，这也对学生自学能力、学习效率的提高有着巨大的推动作用，不仅能培养学生独立的学习能力，更为重要的是，能引起教师和学生之间的共鸣，从而达到意想不到的效果。

3. 高等教育阶段就读成本高

国际数据统计显示，在 2013 年，美国大学生的每月平均花费在每月平均家庭收入中所占的比重日益上升。而对于中国大学生而言，每年的学费一般控制在 4000 ~ 13 000 元，平均计算下来，我国学生月均生活费大概在 1000 元。而数据显示，我国人均家庭在 2012 年纯收入的均值为 13 033 元，中位数为 8984 元。这便更加证实了目前我国教育的现状：尽管我国实行着九年义务教育的政策，但仍存在着随着学生年龄的增长学费日益递增的趋势。也正因如此，很多人陷入了"认为高等教育所提供的价值与学习者交纳的学费并不能成正比"的误区，从而引发了"教育水平是否与学费对等"的质疑，长此以往，必然会导致不良的后果。与此相较，慕课在此方面便显示出了明显的优势，慕课提供的教育，根本不存在高额的就读成本与家庭低收入之间的矛盾问题，因此，慕课的推广十分有利于这一类问题的解决。

4.优质教育资源分布不均

从全球的角度来看,西方等先进的资本主义国家,拥有着世界上最精英的教育团队和最先进的教育资源。据调查,美国的常青藤大学就是其中的典型代表,这是因为它不仅在世界上享有盛名,而且还拥有大量的优秀研究者和精英生源。其中,很重要的一个原因就是这些大学有独特的优质教育资源。从国内的情况来看,分布有较多重点大学,政治、经济、文化等方面发展迅速的东部等发达地区是我国优秀教育资源的"聚宝地"。据近几十年来的统计,随着社会的变迁和高科技人才的迫切需求,我国的优质教育资源与人们日益增长的精神文化需求形成了极大的反差,甚至出现了教育资源在各地区分布极度不平衡的现象,这便使我国的高等教育出现"供不应求""想学而无法学"的尴尬局面,导致诸多的高等人才大都选择国外深造这条路。而上述现象必然会使我国的高素质人才出现严重短缺的现象,这极不利于我国建设社会主义科技强国目标的实现。这时,我们便可以充分发挥慕课的相对优势,将其广泛运用于教学之中,不仅可以实现资源的有效共享,而且还可以在很大程度上满足人们的急切需求。

(三)慕课的产生及发展

慕课是来之不易的互联网时代的发展成果,它有着一段十分悠久的沉淀过程。它的起源可以追溯到 20 世纪中期,美国发明家和知识创新者恩格尔巴特提出来一项研究计划,题目为《增进人类智慧:斯坦福研究院的一个概念框架》。在这个研究计划中,恩格尔巴特强调了将计算机作为一种增进智慧的协作工具加以应用的可能性。也正是在这个研究计划中,恩格尔巴特提倡个人计算机的广泛传播,并解释了如何将个人计算机与"互联的计算机网络"结合起来,从而形成一种大规模的、世界性的信息分享的效应。自那时起,许多热衷计算机的教育变革家们,发表了大量的学术期刊文章和研究报告,在这些文献中,他们极力推进教育过程的开放,号召人们将计算机技术作为一项改革"破碎的教育系统"的手段应用于学习过程之中,在世界的教育体系方面掀起了一股革新的热潮。

MOOC 这个术语是 2008 年由加拿大爱德华王子岛大学网络传播与创新主任和国家人文教育技术应用研究院高级研究员联合提出来的。在由阿萨巴斯卡大学技术增强知识研究所副主任与国家研究委员会高级研究员设计和领导的一门在线课程中,为了响应号召,戴夫·科米尔与布莱恩·亚历山大提出了 MOOC 这个概念。乔治·西蒙斯与斯蒂芬·唐斯设计和领导了一门名为"连通主义与连通知识"的课程,这门课程具有巨大的吸引力,具体体现在:课程内容兼容并蓄、容纳百川；课程凝聚了无数专家学者的毕生心血，融合了多种先进思想，形式更是十分多样；该课程规模巨大，且采用了先进理论和新型教学法。也正是因为以上优势，有25位来自曼尼托巴大学的付费学生，还有2300多位来自世界各地的免费学生在线参与了这门课程的学习。

慕课还有一种课程，即CCK08课程，其所有的教学内容都可以通过固定的软件来进行学习。除此之外，学习者还可以根据他们自己的意愿来有选择地学习，而且学习者还可以选择相应的学习工具，具体内容如下：采用固定的软件由男女或其他学习者进行交流互动，在此基础上还可以适当参加线上讨论、进行文章创作。同时，我们还可以在虚拟的网络环境中体验不一样的学习经历（这里尤其是指参加同步在线会议）。而对于这一方面课程的实施也是有实例的，在当时，很多的专家学者或教授都从不同的角度对慕课进行了不同程度的实践。其中，典型代表有来自玛丽华盛顿大学的教授吉姆·格鲁姆、纽约城市大学约克学院的教授迈克尔·布兰森·史密斯，而且，将其在世界范围内进行了有效的推广。由此，我们不难看出，这类慕课的基础是连通主义学习理论，也称为cMOOC。

在2011年的秋天，还有另外一个重要的成就诞生在美国。一个具有典型意义的"人工智能论"新型课程，在美国斯坦福大学教授塞巴斯蒂安·史朗等著名学者的努力下华丽诞生，这一类课程具有巨大的吸引力，将无数对慕课感兴趣的人聚集在一个统一的平台，并在此完成了有关的课程学习，也正是由于这一形势的出现，才掀开了慕课的新篇章。

史朗是谷歌X实验室的创始人之一，他领导了包括谷歌眼镜、无人驾驶汽车等多项创新性技术和研究，又在教育上开辟了新的道路。在2012年的某一天，其将震惊世界的慕课平台创建了起来，并得到了迅速的发展。不得不说，这一事件具有巨大的意义，因为其不但引起了来自世界多方面教育领域的高度关注，而且被誉为是教育领域的"头号事件"。而究其根源，无非是由该课程的特点所决定的。具体特点如下：课堂内容质量高超；视频设计方式新颖；评价方式多样化；参与群体规模大。而且，此类课程的发展不仅使全球的教育事业得到了更高程度的发展，而且还对人类文明史的进程产生了巨大的推动作用，更带来了文化史上的变革。因此，2012年被誉为纽约的"慕课元年"。

在慕课发展史上，2017年是具有纪念意义的一年。因为，在这一年的秋天，一项汇集了所有人智慧的学术成就诞生了。为此，美国学者戴维·维利做出了巨大贡献，他首次以维基技术为基准研发了一门更加先进的课程，那便是著名的"开放教育导论"课程。而这一课程的突出特点体现在以下几个方面：该类课程的内容来源于参与该课程的不同个体；这是一门以三个学分的研究生为主要主体的在线课程。

这就从另一个方面凸显出学习者的突出地位：既是该课程的消费者又是该课程的生产者。不得不说，这类课程的设计确实十分有新意，而且其中还包含着十分丰富的内涵。所以这类课程必须要求教师与学习者密切配合，每个学习者还要用开放的心态去接受不同的观点。除此之外，还要求学生必须将理论积极投入实践中去。同时，它还为有关教育技术平台的发展提供了借鉴意义。

在 2017 年，还发生了一件重大的事件："社会性媒介与开放教育"的课程正式对外开放。就研究层次而言，它是针对研究生开放的。而为这类课程的开设做出了巨大贡献的便是著名学者、教授亚历克·克洛斯。不仅如此，此类课程的开放主体并不受学习者知识水平的限制，即向全体有兴趣的学习者全面开放。在此类课程中，学习者还可以与专家学者进行密切的交流，打破了以往学习者知识层次的限制。

（四）慕课的特征

随着社会的日益变迁以及慕课的日益成熟，慕课呈现出了十分鲜明的特征，具体体现在以下几个方面。

1. 大规模

与规模较小的传统课程相比较，慕课的"大规模"特征集中体现在学习者的规模基本上没有任何规定。由于慕课打破了传统教学模式下时间、空间、文化的限制，无论在什么地方、什么时间，学生都可以进行慕课的学习，因此一门慕课课程甚至可能有上千、上万人学习。除此之外，还有另外一位学者对这一特征做出了不同的解释，即为数量巨大的学习者、规模庞大的课程范围的综合体。然而，在这里大部分人都会有疑问，究竟要有多大的规模，才能算是大规模呢？那么，我们来举一组实例验证一下：就现阶段而言，他们补课的学习者，很轻易就能够达到几千人、几万人之多，我们可以想象慕课的学习者在未来的数量是不可估量的。因此，我们可以得出慕课是一种巨型课程的结论。

2. 开放性

慕课的另外一个特征是开放性。这里的开放性不仅是指参加此类课程主体的开放性，而且还包括开课环境、开课内容、资源信息等来源的多样性。尤其是在美国，慕课更显示出了别具一格的特色，在美国慕课的开展是以学生的兴趣为基础的。因此，这里的学生没有国籍、学历、地位之分，只要对该课程感兴趣都可以一起来参加，且参加此课程的程序也非常简单，仅需一个账号就可以进入该课程的全程学习。

因此，人们给"慕课"下了一个定义，即具有开放性的巨型课程才能被称为慕课。因而，"慕课"学习的性质如下：一种将分布于世界各地的授课者和学习者通过某一个共同的话题或主题自愿联系起来的方法。

3. 非结构性

从慕课的基本内容来看，其依然存在着一些不足之处，那就是绝大多数慕课提供的课程内容是比较零碎的、不系统的。

当然，它的独特之处也是十分显著的，如其内容是多种知识系统的"杂点"，因此它的知识系统是一个类似于"网站"的四通八达知识网络，凝聚了无数专家学者的思想精髓。除此之外，慕课的原始内容并不是一开始就被紧密地联系在一起的，而是通过"慕课"这个媒介而相互交融在一起的，从而构成了一个完美的知识系统。

通常情况下，没有任何一个西方的学者能够将慕课设计为顶端课程。因为，起初在大多数人眼中，它只是一些热心教育的人士，或者一些领域顶尖的专家，为传播该领域的知识而提供的"志愿者"服务。或许，在这一过程中，曾经出现过重视慕课发展的学者，但其只是为了达到一定的功利性目的，或是出于授予学位的需要，或是出于建立课程标准的企图，或是为其自身发展谋求一定的福利。

从我国教育的基层出发，目前我国已经突破了微视频的局限，而不仅侧重于提供精准的课后辅导，而是充分突出慕课的"媒介"地位，以实现其课堂性质的转变。

4. 自主性

一般而言，每个主体对同一名词的理解都是不一样的。所以，毫无疑问，不同学者对自主性必然有着不同的理解。首先，从关联主义的慕课推崇者来看，"自主性"标志着学习者可以根据自身的情况来设定适合自己的阶段性目标；其次，特定的主题限制内，时间、地点、质量、投入的精力等要素都是靠自己把握的；再次，课程学习的形式和程度也都是靠自己来衡量的；最后，其课程考查缺乏准确的标准，当然，特殊情况除外，但值得注意的是，学习者都必须根据自己的真实情况来进行比较准确的评价。总之，这种类型的慕课完全依靠学习者本身的自觉性。

但是，从另外一个角度来看，除了极少数学者的看法，大多数学者都认为慕课教学通常没有人进行监督，是一种自主学习行为。慕课的自主性是学习者对自己学习体现出的认真、负责态度的象征。此外，学生进行有效的慕课学习的原理是，从教师规定的基本任务出发，学生可以选择自己喜欢的电子设备进行学习，也可以随时随地地进行反复学习，根据自己的学习水平调整学习进度以及内容，进行自主的探索、研究，并对此课堂的重点进行更加透彻的理解以及积极进行讨论，其中，最重要的是学生必须积极主动地学习。所以慕课教学具有较强的自主性。

5. 互动性

慕课应用于传统的会计电算化课程中可以给师生的交流提供更多的课堂时间。以往在课堂上，教师面对会计电算化的实操实训内容，要进行理论讲解和操作演示，这无疑会占用大量的课堂时间，从而导致教师与学生的交流减少。因此，慕课的运用，可以在课堂授课这个环节释放一些时间，而教师可以用这些时间专注于学生的学习状态和学习情绪上。另外，在课下，教师也可以通过慕课平台对学生线下提出的问题进行解答，对学生的学习情绪进行疏导，引导学生正确地学习，同时增强师生的联动性。这要求教师在慕课课程的设置中，安排好作业和讨论的话题，进一步提升自身的学术素养，学习掌握"互联网 +"的教学手段，树立以"学生为中心"的教育理念，围绕学生的需求开展会计电算化的教学活动，正确地使用慕课技术来帮助学生完成课程的学习。

二、慕课的时代意义

（一）全民共享优质教育资源

1485 年的《纽伦堡学校规程》和 1528 年的《萨克森选帝侯国学校规程》规定，应该将学生分为三个阶段，在每个阶段的班级配备不同的古典教科书，这样的授课便是授课制的前身。因此，从某种程度上来说，传统的教学方式都是将所有的学生放在一个教室里，这种教学方法教出的学生是参差不齐的。在人文主义的学校采用了新的方法之后，学校的教育效率得到了很大的提升，也扩大了教育的层面。

1632 年，捷克的教育家夸美纽斯出版了一本《大教学论》，这本著作为我们所说的班级授课制提供了理论依据，而且他还在这本《大教学论》里谈道："这种教育将不是吃力的，而是非常轻松的。课堂教学每天只有 4 小时，一个教师可以同时教几百个学生。而所受的辛苦则比现在教一个学生少 10 倍。"他比较倡导珍惜时间和大量生产式教学方式，在这种班级教学的方式中，学生可以互相鼓励，互相进步。他还说:"青年人最好还是一同在大的班级里面受到教导,因为把一个学生作为另一个学生的榜样与刺激,是可以产生更好的结果与更多的快乐的。"

这种传统的班级授课制是对传统教学方式的一种挑战,顺应了当时人们对教育的需求,可以把教育从少数人的手中解放出来,可以面向更多的人开放,体现出其本身的平等性。

我们知道,班级授课制是顺应时代需求的,它的发展也曾经得到了技术的支持,我国的书院的名字起源于唐朝,在当时的环境下,纸张的发展和雕版印刷术的进步,直接促进了书籍的大量增加。因此,当时的人们为了存放更多的书籍,便开始建书院,这样可以方便读书人进行阅读,真正的书院就这样产生了。雕版印刷术和活字印刷术的进步,让读书人获得了极大的便利,读书人可以进入到社会的上层。

在班级授课制中,一个教师可以同时教几百个学生,然而,今天有了数字化技术的支持,而且有了慕课的诞生,一个教师可以同时教成千上万,甚至是上百万的学生,这就是慕课的优越之处。其中,最为优越之处就是,慕课可以将世界上最优质的教育资源传播到世界上最偏僻的地方,做到让世界上最偏僻地方的孩子们也能享受到优质的教育资源。这是它最为特别之处,是传统教育方式所不能达到的效果。

(二)促进教育公平

到目前为止,大多数慕课都是免费的,如此一来,越来越多的人可以接受高等教育,尤其是对那些家庭贫困的学生而言,这更是一个接触教育的机会。与慕课合作的大部分都是世界知名大学,或者是著名的企业,因此,慕课的质量在很大程度上有了保证,它使更多的人享受到优质的教育资源。传统高等教育的做法是从学生中收取大量的钱,而慕课对成千上万的学生不收取钱或只收取最低的费用,斯坦福大学计算机学家达夫妮·科勒称它为"高等教育的真正民主"。

目前,在我国的社会发展中,由于人口数量庞大,地域发展不平衡,因此教育的公平更加难以实现。要想实现教育公平,最需要考虑的就是教师资源的公平问题。经过了以往的实践,教师队伍在一个比较小的区域流动尚且十分困难,更何况是在世界范围内的流动,简直是难以想象。目前,慕课的出现解决了这一问题,它让教育资源的流动更顺利,这对促进我国的教育公平、提升我国中西部的教育质量起到了很大的作用。

（三）促进学习型社会的建设

慕课，通常都是以碎片化的方式呈现给大众的，它在当前这个时代，适应了城市生活的节奏，无论何时，无论何地，只要有一些碎片化的时间，人们就可以进行学习。

在信息化的时代，一切都是很方便的，即便是传统的教育模式，也已经和时代不相适应了，因此教育模式也同样是需要进行更新的，教育方法也应当得到改进，这是极为重要的一件事。而对慕课来说，它本身就是一个比较灵活的模式，人们可以在任何时间任何地点进行学习。

有些在世界一流大学注册的大学生最终的通过率也是很少的，于是，他们提出问题：慕课真的有用吗？当然，如果仅从通过率来看，慕课好像是很失败的。

但是，试问，我们学习的最终目的何在，仅是为了一纸证书吗？假设人们都只是为了这样的一纸证书而进行慕课的学习，那么，这样的目的无疑是功利的。这样的目的，在我们看来，似乎是很正常的，但它是不正常的。学习的目的不应当只是为了一纸证书，而应该是提升自己的学习技能，提升自己的素质。

什么是"学习型社会"？学习型社会是社会中的人很想通过学习来对自己进行提升，学习型社会应当尽可能地让人们实现学习的目标，并且应当尽可能地让每个人都进行学习。学习型社会并不等同于学历型社会。

上海交通大学张杰也认为："这将是一场学习的革命，其影响绝不限于大学，对推动继续教育发展，打造灵活开放的终身教育体系，构建人人皆学、处处可学、时时能学的学习型社会，也将具有积极意义。中国大学应以在线教育发展为契机，重新思考自身的使命与责任。"

（四）倡导学生远离家教

就目前来说，慕课完全符合当前中国的发展需要。2021年7月24日中国正式发布了《关于进一步减轻义务教育阶段学生作业负担和校外培训负担的意见》（以下简称《意见》），提出建立培训内容备案与监督制度，制定出台校外培训机构培训材料管理办法；严禁超标超前培训，严禁非学科类培训机构从事学科类培训，严禁提供境外教育课程。《意见》包括"总体要求""全面压减作业总量和时长，减轻学生过重作业负担""提升学校课后服务水平，满足学生多样化需求""坚持从严治理，全面规范校外培训行为""大力提升教育教学质量，确保学生在校内学足学好""强化配套治理，提升支撑保障能力""扎实做好试点探索，确保治理工作稳妥推进""精心组织实施，务求取得实效"八个方面共30细项。"双减"政策的出台虽然给学生和家长带来了巨大的好处，但也有部分家长担心仅仅依赖课堂时间会达不到学习的效果。慕课的发展则打消了家长的这一顾虑，使学生真正地远离家教，从互联网上可以获取到一些名校或优秀教师的教学视频，可以根据自己的需求随时随地、具有针对性地学习，大大提高了学习的效果。

三、慕课对教学的影响

慕课对教学的影响主要体现以下几个方面：一是慕课在教学运用中，可以作为传统课程的补充；教师在备课环节可以充分利用，在授课前让学生先通过互联网去观看相应的课程视频，通过慕课平台进行重难点问题的收集，然后在课堂上进行合理的讲解，提高教学的效率。二是慕课能让学生更好地利用课余时间进行学习；因为慕课课程内容较为精简，在学习动力的驱使下，能让学生在碎片时间更有效地进行学习。三是通过慕课，教学者可以更加清晰地掌握教学的节奏和重难点；由于慕课评价系统会提供学习者真实的学习体验，教学者通过后台的数据分析可以知道学生的学习状况和困扰，从而在传统课堂上更加有针对性地对课程内容进行讲解。

四、慕课在中等职业会计专业教学中的应用

（一）慕课对中职会计专业教学的作用分析

目前网络技术的覆盖程度已经达到了前所未有的高度，使人们的工作、生活发生了巨大的改变。互联网与社会各行各业有机结合，有效促进了社会的发展，所以目前社会行业将互联网作为发展的基本要素。会计专业本身就具有较强的实践性，会计工作中的会计核算、数据统计都离不开互联网、计算机的支持，其教学内容会跟随社会的发展而不断变化。所以将慕课与会计专业教学进行结合，有助于实现会计专业的实践性，符合目前时代发展的需要。

我国的社会经济不断发展，精神文明建设的脚步在不断加快，传统教学模式的弊端逐渐凸显出来：学生实践能力差、教学模式枯燥乏味、教学目标模糊等。这些问题也是教育模式改革的主要问题。中职院校的教学是以职业为导向，以就业为目标的，所以中职院校的会计专业更需要结合会计行业的实际情况进行教学。教学资源的更新是否能跟上行业的发展速度，直接决定了中职会计专业的教学质量。因为慕课教学资源丰富，更新速度快，所以在中职会计专业中应用慕课进行

教学，可以保证教学资源能够跟上会计行业发展的脚步，让学生把在学校学习的知识应用到实际工作中，提升中职学生在社会上的竞争力。

（二）慕课应用的策略

由于慕课课程的灵动性，在中等职业学校会计电算化的课堂中，可以借助于慕课的优点来弥补传统课堂的缺陷和不足，提高中等职业学校学生学习会计电算化课程的积极性。具体策略如下。

1. 强化教学过程

利用慕课可以有效地强化会计专业的教学目标、教学体系和教学过程，也能进一步完善会计专业的考核评价体系。强化教学过程主要是指改变传统教学模式下教师单方面进行教学的现状，利用慕课有效促进学生与学生、教师与学生之间的沟通。慕课应用于传统的会计电算化课程中可以给师生的交流提供更多的课堂时间。以往在课堂上，教师面对会计电算化的实操实训内容，要进行理论讲解和操作演示，这无疑会占用大量的课堂时间，导致教师和学生的交流减少。而慕课的运用，可以使课堂授课这个环节释放一些时间，而教师可以用这些时间专注于学生的学习状态和学习情绪。另外，在课下，教师也可以通过慕课平台对学生线下提出的问题进行解答，对学生的学习情绪进行疏导，引导学生正确地学习，同时增强师生的联动性。这要求教师在慕课课程的设置中，要安排好作业和讨论的话题，进一步提升自身的学术素养，学习掌握"互联网+"的教学手段，树立以"学生为中心"的教育理念，围绕学生的需求开展会计电算化的教学活动，正确地使用慕课技术来帮助学生完成课程的学习。

2. 提高自学能力

自学能力对学生来说尤为重要。教学资源对提升学生的自主学习能力尤为关键，教师应该针对性地选取教学内容，根据学生的实际学习水平合理制订教学计划，让学生能够在学习的过程中感受到自己的进步，进而在学习中获得成就感。教师还可以将课堂中的重点、难点制作成微课视频，针对性地提升教学质量。例如，教师可以设置任务，将学生分为多个小组：第一，学生在课前，根据教师布置的预习任务，在相应的慕课平台上进行相关会计电算化课程的学习，并且在线上进行意见反馈，交流心得，完成作业；第二，在会计电算化的教学课堂上，结合课前慕课学习的特点，进行课程的补充讲解，重点在于查漏补缺，将重点难点通过课堂的呈现再加以巩固，将课堂教学和慕课课程相连接，形成良性的互补关系，体现慕课的价值；第三，教师在授课的课程中，布置相应的任务，让学生通过慕课课程进行拓展练习，养成自主学习的习惯；第四，让学生在课后自行对慕课进行学习，学生之间相互监督。教师可以让学生记录下慕课中的知识点，然后在下一次课堂中要求每个小组讲解自己找到的知识点。教师还应该建立相关的评价机制，将学生的自主学习情况纳入期末评价考核中，以此培养学生的自主学习习惯。

3. 培养学习兴趣

传统教学模式由于教学过程比较枯燥，导致学生在消磨了最初的新鲜感之后，对学习明显呈现出消极、被动的态度，对学习造成了极大的不利影响。在慕课课程推广的背景下，中等职业学校的会计电算化课程的教师可以借助教育资源推广的力量进行慕课平台的建设，准备教学材料，依靠多媒体设备，花时间用心去录制一批具有实际指导意义的会计电算化慕课课程，把这些具有概况性、简洁性和系统性的视频资料上传到慕课平台，然后按照教育内容的连贯性，规律地将视频资源排列到慕课网站上。这样能够丰富课堂教学资源，提升课堂教学的趣味性。在慕课模式下，利用互联网查找大量的会计工作案例，能够加深学生对教学知识的理解。这种教学方式被称作案例教学法，是指围绕案例开展教学，能够有效地激发学生的学习兴趣，提升学生学习的积极性。教师要注意，选取的案例一定要结合实际教学内容，由浅至深、循序渐进地进行教学，而且在课堂上不能单纯地向学生介绍案例，还要引导学生对案例进行思考，从而提升学生的独立思考能力及实践能力。学生可以通过慕课网站进行相应的学习，在课余碎片时间对课程进行学习和评价。另外，为了提高学生学习的效率，教师在制作慕课课程时，可以布置在线作业或在线测验，把相应慕课的课程分数计入会计电算化课程的总分当中，提升学生学习的积极性。

（三）引入慕课课程的具体举措

1. 学校层面

在慕课课程开发的潮流下，学校应引导专业课教师进行慕课资源的开发使用，借助社会资源的力量，给予专业课教师在开发会计电算化慕课课程方面的技术帮助，让专业课教师制作的慕课课程更加精美和实用，让课程更具魅力。在实际的操作中，可以借助社会的慕课制作公司对专业课教师所录制的慕课进行后期制作，专业课教师可以在课程后期制作中给予意见，共同完善课程，让课程更具传播性。同时，学校可以提供专业媒体设备供专业教师进行会计电算化课程的录制，如专业的录制软件、专业的录音设备和录像设备等。在慕课平台的使用上，学校可以通过互联网上优秀的平台进行慕课的推送，然后引导教师进行相关慕课设置操作。学校的支持，是成功搭建慕课平台的重要因素，能进一步优化慕课课程，给予慕课课程更多的可读性。

2. 慕课制作团队层面

作为中等职业学校的会计电算化专业课程已经是非常成熟的一门课程体系了，它不仅仅是独立存在的课程，还是和其他财会课程相互联系的课程，以会计基础的理论知识作为基础。因此对于会计电算化慕课团队来说，掌握扎实的财会知识，是不可忽略的环节，这些知识会为增加慕课课程的深度和厚度带来积极的影响。此外，会计电算化专业慕课制作团队还需要具备网络技术素养，会用基础的慕课设置工具，做好相应的慕课管理计划和学习计划，注重慕课平台的数据收集并进行有效的分析。在录制视频的时候要做好相关的技术准备，借助专业的录制团队或者专业的录制设备优化慕课视频，并设置好相关测验和评论等工作，整理好教学资源，设计互动论坛，勤于回复学员的线上问题，用心做好慕课课程的工作。

3. 任课教师层面

在传统会计电算化课堂上，任课教师要敢于创新，将慕课课程的资源运用到日常的教学工作中去，激励学员线上资源预先看，着重讲解会计电算化课程的重难知识点，鼓励学生自主学习，主动吸收知识，勤于思考，将线上疑难点带到课堂上来解决，突破学习的瓶颈，提高学习的效率。会计电算化课堂的任课教师将慕课资源带到课堂上实践，在时间的掌控上会更加自主，有利于教师做出更优质的教学计划，从而实现优质的教学目标。

4. 学员层面

慕课是以"自主学习"为核心的教学改革活动。从学习者的角度出发，由于慕课课程更精简，常常一节课的视频在十几分钟左右，所展示内容往往是一节课的精华部分，突出重点，有利于学员提高学习效率和学习效果。在慕课技术的帮助下，学员自主利用课余时间在慕课平台上进行预习和复习，以及通过完成慕课平台的学习任务来深化学习的内容，同时也可以通过慕课平台，进行小组讨论，完成论坛的话题作业，通过组内成员的力量来帮助自身能力的提升。同时，由于慕课时间的随意性，学员可以随时利用碎片时间进行学习，极大地方便了学员，学员可以更加有效地进行相关课程的学习。

5. 考核评价层面

传统教学模式下的教学考核通常以期末考试为主要评价方式，这种考核评价方式可参考价值较低，不能对学生进行综合评判，不能反映学生平时的学习情况、实践能力等。在会计专业考核中，通过慕课教学模式建立考核制度，可以使会计专业教学的评价体系更具有动态性、可靠性，其可参考的价值更高，对学生的考核也更加全面。通过互联网能够查询到学生学习慕课的时间以及次数，从而能够了解学生日常学习情况，在每一节慕课之后，都能够通过网络教学平台增加相关的小测验，将日常测验纳入考核体系中。某高职学校的会计专业采用的考核制度为平时成绩占70%，期末考试成绩占30%，这种考核方式具有一定的参考价值。由此可见，通过慕课构建成绩考核制度具有重要的现实意义。

（四）中职会计专业的教学现状分析

会计电算化课程是一门实训课程，一般采取的教学形式是传统的理论讲授和学生上机实操相结合。教师在课堂上对理论知识进行精细化讲解，然后通过上机操作演示，让学生在课堂上边看边理解，随后再进行相应的操作练习，这种模式下往往不能全面覆盖进行有效讲解。学生仅通过教师的课堂实训演示，常常得不到有效的辅导，想再回头进行复习，发现找不到相应的学习资料。教师在有限的时间里没有办法全面深入进行会计电算化课程的讲解，会计电算化课程的内容涉及实训的知识点又相对比较多。例如，工资系统、固定资产系统和购销存系统需要大量的时间进行上机实训，而教师在讲解时为了照顾大部分同学的学习需求，会按照传统的教学模式，把内容讲得相对简单，难点步骤往往被问到时，教师才进行个别化辅导，导致教学没有达到最佳效果。

中职学校财经专业学生在传统的电算化课程中，按照教师的课堂演示或者书本上的操作讲解进行实训练习，缺乏操作过程的理解，机械化的操作并不能带来有效的学习效果。这种情况如果长期持续下去，会导致学生缺乏创造性，被动接受所学的内容，不利于会计电算化课程的教学发展。经过调查和探究发现，当前中职学校的教学效果不好的原因主要有如下几方面。

1. 教学观念落后

目前大部分会计专业教学都没有自己的特色，基本都根据教学大纲制定相应的教学策略，以强调理论知识、应对考试为主要教学模式，教师在课堂教学中通常以单方面向学生灌输理论知识为主，学生的学习通常比较被动，学生的探究能力、自主学习能力、发现问题的能力通常比较差，进而导致实践能力比较差，在毕业之后不能顺利上岗。此外，中职学生学历低于其他普通高校学生，实践能力强是中职学生在社会上的竞争优势，但是目前部分中职学校会计专业的教学观念落后，导致中职学生的实践能力较差，在社会竞争中失去了自身的优势。

2. 教学模式单一

虽然目前多媒体设备教学得到了广泛的应用，但是因为教师的教学观念比较传统，所以多媒体设备在教学中仅仅起到了充当黑板的作用，教学方式依然以"填鸭式"教学为主。目前大部分中职会计专业的学生都是"00后"，对新鲜事物的好奇心比较重，对传统教学方式容易产生抗拒心理；传统教学模式也不符合目前会计专业学生的心理特点，束缚了学生的思维能力以及实践能力的发展。

3. 课程内容不合理

目前中职会计专业课程通常分为理论课程与实践课程，但是其考核评价方式是独立的，每门课程有着自己的教学系统，导致实践课程与理论课程之间的关联并不大，理论知识在实践的过程中得不到体现。此外，会计专业的知识内容随着社会发展而改变，所以其教学内容更新速度比较快，但是新教材从编写到实际应用需要较长的时间，这就导致学校的教学内容跟不上时代发展的脚步，学生在毕业之后技能水平不符合社会岗位需求。

五、慕课在课堂中运用时要注意的事项

（一）慕课视频的内容应简短精准

由于慕课是在线的课程，学员在观看视频时，会留意视频的时间，一般来说视频时间控制在 10 分钟左右，时间和知识容量刚刚好，学员易于掌握知识点，也不容易产生厌倦感。另外，制作慕课视频时，要考虑知识的重难点，尽可能用简易明了的方式呈现出来，同时将知识点用生动有趣的方式表达出来，提高视频内容的趣味性，提高学员的观看率。同时，教师在录制视频要注重语速和语言的运用，层次分明，让学员易于接受。

（二）慕课在课堂中的运用，需要对教师的能力提出更高的要求

将慕课融入传统会计电算化课程中，需要会计电算化教师制作慕课视频，这就要求教师掌握慕课制作软件的使用方法，包括音频、视频等编辑软件的使用方法，同时还要求教师掌握慕课平台的使用方法，能设置题库、设置评分和设置学生任务等。因此教师的教学活动增加了，需要将线上教学活动和线下教学活动两部分相结合，在线上监督学生慕课课程的学习，在线下提高会计电算化的课堂教学效率，把握好课堂的重难点，合理安排答疑时间，统筹规划好课堂教学内容，引导学生进行小组讨论，进行自主学习。

（三）慕课融入传统会计电算化课程中，学生应具备更好的自主能动性

慕课有利于学生使用课余的碎片时间来学习，在这个模式当中，最关键的点是学生能够具备足够的自控能力进行自主学习。以某一班级为例，全班53人，要求学生完成慕课观看任务和练习作业，平均下来有45人可以坚持下来，不完成慕课任务的学生，在会计电算化课堂中的学习状态明显是差些的。学生能够保持自主学习的态度，也是持续进步的保证。此外，由于会计电算化课程的慕课平台具有课堂讨论和小组学习论坛，这要求学生具备互助的分享精神，对课堂的内容进行分析和理解，通过慕课课程的学习，通过持续的学习，提高发现问题和解决问题的能力。学习能力的提升是需要一个过程的，这就需要学生持续地自主学习。显然融合慕课的会计电算化课堂对学生的要求也在提高。

第二节　微课在会计教学改革中的应用

一、微课的含义及特征

（一）微课的含义

微课是指运用信息技术按照认知规律，呈现碎片化学习内容、过程及扩展素材的结构化数字资源。微课的核心组成内容是课堂教学视频（课例片段），同时还包含与该教学主题相关的教学设计、素材课件、教学反思、练习测试及学生反馈、教师点评等辅助性教学资源，它们以一定的组织关系和呈现方式共同营造了一个半结构化、主题式的资源单元应用小环境。因此，微课既有别于传统单一资源类型的教学课例、教学课件、教学设计、教学反思等教学资源，又是在其基础上继承和发展起来的一种新型教学资源。

微课的雏形最早见于美国北爱荷华大学勒罗伊·麦格鲁教授所提出的60秒课程，以及英国纳皮尔大学凯提出的一分钟演讲。现在的微课概念是2008年由美国新墨西哥州圣胡安学院的高级教学设计师、学院在线服务经理戴维·彭罗斯提出的，他们的主要目的就是通过录制一些短小的视频（时间控制在1~3分钟，视频会标出关键词、主题以及学生需要重点学习的内容），要求学生自己在线学习或者是进行课外学习。其核心理念是在课程中把教学内容和教学目标紧密联系

起来，以产生一种更加聚焦的学习体验。我国首先提出微课教学的是胡铁生，他在 2011 年提出此理念。他指出微课是由教师制作的微视频，主要是针对性地对某一知识点、某道习题或者技能等进行视频讲解，这是一种全新的教学模式，很好地融合了教学过程和相关资源。微课的主要呈现方式就是微视频，它具有短小、精悍、有针对性的优势。微课的主要内容不但包括录制的教学微视频，还包括各种教学方案、课后练习、课后总结等多种内容，这些内容相互融合构成了一个拥有明确主题结构，较为完整的资源应用环境。微课教学模式改善了传统教学模式单一的弊端，并且相较传统的教学模式来说，更具有针对性，是一种以传统教学模式为基础的新型教学模式。微课可以由教师亲自制作，也可以从网络上下载资源。微课来自网络，学习者可以仅通过一部手机或者其他移动设备就能在零散的时间进行学习；然而微课不是只适用于线上教学，它同样适用于线下教学，在课堂中采用微课教学模式，更有利于提升教学效果。

（二）微课的主要特点

1. 教学时间较短，内容具有针对性

所有微课视频都是以学生需求、教师能力和教学资源为基础进行制作的。因此，虽然时长很短，但是内容往往是最具针对性和代表性的重点知识点，而且这些知识点对于大学会计教学来说是足够用的。学生一般更倾向于短小精悍的学习材料，对冗长单调的学习材料很容易失去学习兴趣。因此，微课视频一般会精简课本中冗长的内容，将其浓缩成一个个小的视频片段，学生更容易接受这种学习材料。微课视频的时长一般就是 10 分钟左右，全是精简之后对学生而言有针对性的内容，这样做，有利于学生和教师针对某一特定问题进行讨论并进行解决。微课虽然时长较短，但是内容很丰富，并且学习形式灵活。微课视频包含了多种学习资源，如课件、课后总结、课堂活动、课后评价等，并不只是一个单一的教学视频。

2. 学习方式灵活

学生在课堂上感觉学起来有困难的部分，可以在课后自主观看教学视频，进一步巩固消化不会的内容，有利于提升学习效果。微课具有的明确主题和结构化教学，有利于学生自主学习，并在学习过程中不断自我总结。

3. 资源组成 / 结构 / 构成情境化

"微课"选取的教学内容一般要求主题突出、指向明确、相对完整。它是以教学视频片段为主线"统整"教学设计（包括教案或学案）、课堂教学时使用到的多媒体素材和课件、教师课后的教学反思、学生的反馈意见及学科专家的文字

点评等相关教学资源,构成一个主题鲜明、类型多样、结构紧凑的"主题单元资源包",创建一个真实的"微教学资源环境"。这使"微课"资源具有视频教学案例的特征。广大教师和学生在这种真实的、具体的、典型案例化的教与学情境中可实现"隐性知识""默会知识"等高阶思维能力的学习并实现教学观念、技能、风格的迁移、提升和模仿,从而迅速提升教师的课堂教学水平,促进教师的专业成长,提高学生学业水平。就学校教育而言,微课不但成为教师和学生的重要教育资源,而且也构成了学校教育教学模式改革的基础。

二、微课在大学会计教学中的应用

(一)微课的应用

1. 课堂教学

像上文提到过的一样,微课的主要表现形式是微视频。微课可以贯穿于整个会计教学中,不论是课堂导入、课堂知识点讲解还是课后总结,都可以采用微课教学。微课教学可以更好地激发学生的学习兴趣,使枯燥的会计课堂变得活泼有趣。

大学会计教学课程中,学生对会计知识掌握程度不同,针对这点,教师可以有针对性地制作微课视频,使学生在课后也可以观看视频巩固课上学到的知识。微课教学对导入新知识极为有效,教师为微课制作的微视频新颖且有趣,并且制作精美,以此作为课前导入材料,可以极大地激发学生的学习兴趣,从而导入新知识。而对于课上一些比较难理解而又需要学生们掌握的知识点,教师还可以将这些内容集中整理,利用微课有针对性的特点,对学生进行重点教学,可以有效集中学生注意力,提升教学质量。微课虽然是一种新的教学模式,但还是以传统教学模式为基础的。因此,教师不仅要在课堂中体现微课的新,还不能忘了课堂上占主体地位的仍然是学生。并且,要对微课教学配备适合的课堂探究讨论活动,这样才能更好地发挥微课的作用,提升教学效率。教师还可以将难点、重点知识以微课形式表现出来,加上图表等辅助说明,使学生更直观地理解知识点,融会贯通。会计学习需要更大的环境,这就需要教师在课程设计中多添加一些课外内容,拓宽学生的知识面,使学生对会计学习有一个更全面的理解。

2. 学生的自主学习

如今的在线教学中,微课教学已经成为一种主要方式。利用互联网的共享性,学生可以随时随地观看教师制作好并上传到网络上的教学视频。相较以前,学生可以更灵活地进行自主学习,提高了学习热情和效率。

我国课程改革的目标也是致力于提高学生的自主学习能力。通过课改改变学生被动的学习方式，鼓励学生积极主动地自主学习，从而激发学生的学习兴趣和探究欲望。微课较传统课堂时间缩短了很多，并且内容有针对性，且只需输入关键词就可以轻易搜索到，方便了很多；另外，微课的时长通常控制在10分钟左右，这也符合学生的身心发展特点，因为大多数学生集中注意力的时间也差不多在10分钟左右；录制的微课视频具备视频的一般功能，可以随时暂停播放，这就大大方便了对知识掌握程度不同的学生，学生可以根据自身的学习情况和接受程度控制视频的速度，提高自主学习的兴趣。另外，微课内容由教师上传到网络之后，学生不再受时间、空间限制，可以随时随地想学就学，学习方式更加灵活自由，极大地调动了学生自主学习的积极性，并且为学生能够自主学习提供了一个良好的平台。学生学习知识再也不用局限在教室这一个地方了，可以在寝室、食堂等各种场所，随时随地观看视频自主学习，如果遇到不懂的知识点还可以通过对视频的反复观看加深印象，直到全部理解，有利于学生掌握好每个细小的知识点，并逐步提升自己的会计专业知识水平。除此之外，教师还可以准备由学生自己独立完成学习任务的微课，提前给学生布置好需要自学的内容，然后学生自主学习会计课程内容，教师可以在之后的课堂中对学生的自学成果进行检验，学生也可以自行检验自学效果。由此可见，微课是一门可以极大促进学生自主学习的课程，通过微课这种形式，学生可以更好地实现自主个性化学习。此外，微课的移动化、碎片化特点，又方便了学生在课后随时随地对自己掌握不扎实的知识点进行复习，可以有效拓宽学生的知识面，使学生更加灵活方便地进行自主学习。微课模式相比传统授课模式而言，对教师的要求更为严格，因为微课内容少了课堂的束缚，变得更为开放，这就要求教师不仅要掌握制作微视频的技术和手段，还要掌握在互联网中分辨信息的能力，选择一些真正对会计学习有用的信息。这些都需要教师拥有一定的技术手段和付出一定的时间，不免会加大教师的压力。

3.教师的自我完善

微课程在制作过程中往往需要反复推敲、修改直至完善，微课程是一个可以在很短时间内展示成果的课程。因此，在制作过程中，会计教师需要反复观看视频内容是否符合自己的教学要求并加以修改，可以在微课中加入更多的课外内容，这样才能准备一堂较好的微课堂。由此可见，微课对于教师自身专业技能提升具有促进作用，因为在制作微课的过程中，教师反复推敲，不断发现问题，从而反思自己，改进教学方法，学习新的教学观念，提升自身的会计专业技能。此外，微课还可以大大提升教师对信息技术的运用能力。教师通过制作微课，可以更好地熟悉信息设备，从而树立更具现代化的教学思想和理念。教师制作微课的过程本身就是一个不断反思与发展的过程，在这一过程中，教师不断提升自己的教学能力。微课可以通过互联网共享到全国甚至是全球的资源中，教师可以通过互联网观看不同教师制作的视频，通过视频学习别人的教学内容和理念，彼此间再进行交流切磋。教师要善于利用微课这一教学模式，不断完善课程模式，使微课为大学会计教学做出更多的贡献，成为会计教师教学的重要手段。教师在课堂中推行微课模式也是在深入贯彻《教育部关于全面提高高等教育质量的若干意见》的相关精神，推行微课模式有利于推动大学会计课程的发展和教师水平的提升。高校的会计教学若能充分发挥微课的优势，可以极大激发学生的学习兴趣，也有利于为社会培养高素质的、具备专业能力的人才，为社会做贡献。

微课作为一种新兴的教学方式和手段，因"短、小、精、趣"迎合了时代需求和大众心理，也越来越多地被应用于教学当中。微课符合时代的要求，它能在较短的时间内对某一个知识点进行充分的、有趣的讲解，符合当今紧张的学习生活节奏。它不仅对大学生的学习和教师的教学提供了更多的方法，也解决了传统课堂教学中比较容易出现的问题。微课是符合时代要求的积极探索，并希望借此推动教师教育方式方法的变革，解决建议需求多样性、资源便捷性等问题，促进教育与现代信息技术的深度融合。因此，大学会计课堂中应用微课模式适应教学改革的需要，也适应时代的发展；同时，有利于会计课堂与信息技术融合发展，有利于促进会计教学的个性化、自主化发展。微课新型教学模式，适应教育发展的潮流和趋势。微课教育模式在高校中的展开已经取得了一些成效。高校应用了这种新型教学模式后，有利于对会计人才的培养。这种教学模式不仅提高了学生自主学习会计的积极性与兴趣，而且还提高了学生主动学习的能力和意识。除此之外，微课教学模式对教师的专业能力提升也有很大的帮助作用。

（二）会计课利用微课进行教学的优势

1. 可以增强教学人性化

会计学科有着高度理论化的特点，会计学的专业知识比较连贯，需要学生打好最初的学习基础，也对教师提出专业素养的要求。微课的专题性比较强，网络课程有着明确的分类，学生可以自由选择内容进行学习。微课还可以直观地向学生展示操作步骤。传统教学中教师使用投影向学生展示实操步骤和操作要领，在课堂上，学生会由于距离教师较远、设备的使用性能等原因，没有真正掌握实践重点，对教学的效果产生影响。微课还可以详细讲解教学中的各种疑难点，更加直观地展示会计学在实际工作中的应用，达到深度学习的目的。微课作为以视频形式传播知识的教学形式，可以使学生反复学习，强化和巩固知识，更人性化。

2. 微课资源共享可循环

微课资源作为上传到互联网的教学资源，是可以循环利用的，对于教师来讲可以节省备课时间，将更多精力放在优化学习资源和对知识的深度讲解上。微课资源可以在实际教学之中使用很久，在学习资源需要更新时，教师只需要在上一次教学中使用的微课资源中选择需要改进的部分进行整理。

微课发布到学习平台后，可以供大众在网络上自行下载和播放，共享的微课资料也让线下的教师能够了解到其他教师教学时的优势。在这样不断加工整合的基础上，可以为学生提供更加优质的教学服务，促使教学质量得到显著提高。

3. 营造良好的学习氛围

由于视频可以剪辑，教师剪辑微课视频时会去除一些不必要的内容，展现给学生的是精确的知识系统。在微课学习中，由于网站的管控，师生之间的交流仅限于学习上的答疑解惑，学生在学习之后，可以与其他学生交流学习心得，这也使学生的学习过程排除了其他繁杂的信息，让学生学习的过程变得纯粹。微课这样单纯的学习环境，能让学生专注于学习，提升学习的效率。

4. 有利于提升教学的积极性

由于一些学生的学习基础并不牢固，他们会因为没有得到好的成绩反馈而降低学习兴趣。微课的出现，可以帮助学生巩固知识基础，让学生在学习会计的开始得到积极的成绩反馈，从而获得信心与力量，之后便会积极投入学习中。微课中也会运用动画讲解、实操录屏等方式，播放有关会计学知识的视频，将现实生活中的案例与会计学知识相结合，让课堂变得生动活泼，让学生意识到会计在现实生活的作用，提升学生学习会计学知识的兴趣。

5. 培养学生的自主学习能力

自主学习是学生通过自己查找、探索、发现来获得知识的学习方式。学生在学习过程中需要逐步培养自己的自学能力。微课的出现可以让学生安排自己的学习时间，培养自己的自学能力。学生要在网络中繁多的会计学课程中找到适合自己的课程，提高对网络信息进行检索的能力。

6. 理论与实践结合紧密

会计学原理课程教学运用微课的教学方式，不仅可以使学习效果得到强化，还可以实现理论与实践的有机结合。会计学原理课程在某种程度上是一门实践性相对较强的课程。通过理论与实践相结合的方式，可获得更好的教学效果。因此，通过微课教学,利用视频播放的形式,可以确保学生对企业业务流程、借贷记账法等有正确的认识,帮助学生掌握更多会计知识,消化理解相应的会计知识,为学生未来更好地发展打下基础。

(三)微课在会计教学中应用的基本流程

1. 前期准备

微课不仅包括微视频,还包括微练习、微讲义等。授课教师在授课时主要结合企业实务对知识点进行讲解,组织学生展开讨论,解答疑问,指导学生操作,引导学生理解流程,掌握登记方法。

(1)了解微课的设计流程

按照教学设计原理,即从教学分析、教学实施和教学评价三方面对微课进行设计。微课设计流程如图 5-1 所示。

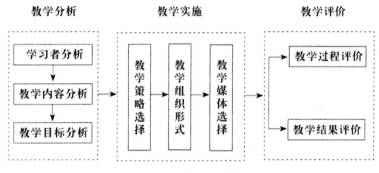

图 5-1 微课设计流程

(2)学习者分析

大学生是会计学习的主体,其虽然精力充沛,思维发散,有较强的动手能力,但是缺乏学习的积极性。因此,教师需要对大学生进行指导,鼓励他们对学习有耐心。由于没找到一种科学的学习方法,加之缺乏自主学习的意识,学生的基础不扎实,许多知识点都不能详尽掌握,并且不能学以致用,只靠死记硬背。大学生如果继续这样学下去,只会产生更坏的学习效果,从而产生越来越大的学习压力,产生更大的学习负担。因此,这就需要会计教师完善自己的教学方法和教学内容,引导学生掌握正确的学习方法,帮助学生进行自主学习。

2. 微课开发流程

为创设情境教学,可以以企业为背景,收集素材,参考网上微课开发注意事项等,对微课进行录制,具体流程如图 5-2 所示。

图 5-2　微课开发流程图

（1）素材收集和整理

①走访企业。

为最大限度地还原出纳工作，创设真实情境，可走访企业，征询微课录制合作事宜，寻求企业财务负责人支持。同时搜集银行存款收款凭证、银行存款付款凭证、银行对账单等众多素材，并且在征询出纳意见后，对微课教案和脚本不断修改，尽量使知识点的讲授贴近实际，创新授课形式。同时，通过拍摄企业财务办公室环境、财务人员、账册资料、办公桌等，最大限度地还原财务人员的工作环境。

②多媒体素材收集。

教学媒体包括图片、声音、视频等。由于财务资料的保密性，部分素材无法从企业获得，如日记账完整页、凭证的复印件等。因此，可以通过网上搜索，收集这些账册的图片，以及多栏式日记账账页等企业不具备的会计资料。

（2）微课录制

微课录制方法主要有以下几种：屏幕录像软件录制（录屏软件 +PPT）、视频摄制工具拍摄（手机或数字摄像机 + 视频编辑软件）、混合式录制。专题微课是视频拍摄和录屏软件混合使用录制的。

拍摄地点：×× 企业财务处。

拍摄工具：索尼相机、三脚架。

拍摄对象：财务处会计、出纳（负责操作演示、讲解）。

拍摄过程：为减少人员干扰和噪音，视频拍摄选在中午午休时间，光线明亮，拍摄清晰。演示者提前熟悉教案，了解流程和注意事项，并按照脚本和要求模拟一遍，以使录制时更加顺利。镜头聚焦在演示素材上，重要处进行放大特写。在拍摄过程中，镜头切换平稳，跟随演示者动作拉近或放宽视线，演示者只是在视频的开头和结尾出境，以保证学生注意力集中，减少干扰。由于演示者都是工作经验丰富的会计人员，操作顺利，因此各条镜头基本不用重新拍摄，拍摄在 10 分钟之内完成，总体平稳顺利。

录屏录制：按照建构主义的案例—问题—讲解—启发—应用教学模式，微视频的开头和结尾需要 PPT 分别列出问题和进行小结。

后期编辑：采用会声会影软件对拍摄视频和软件视频进行剪辑，删除不合理的部分，对视频进行连接和精简。

（3）微课质量评价及修改

为了检验微视频制作的质量、微课设计的合理性，以及学生对微课教学的适应程度，可以向教研组提交这次专题微课，并且整理同事对本次专题微课的看法和意见。除了整理同事们的意见之外，还可以随机挑选会计专业的几位学生，让他们谈谈自己对这种微课程的看法并进行打分。同时，让他们指出对于微课程的意见。调查以后，对意见和建议进行整合梳理，并将其应用到微课整改中，促进微课程更好地发展。

（四）会计课中微课有效应用的方案

1. 制定统一的标准

在网络上微课的信息繁多，没有一个统一的标准对这些信息进行筛选，学生无法正确辨别自己在微课中学习的知识是否准确。行业必须加强对统一标准的制定，规范和指导网络微课。成熟有效的规范准则是微课行业健康发展的有力保障，也能够确保学生的学习质量。

2. 进行详细分类

在微课内容的设计中，分类是重要的一步，选题反映了微课的内容和面对的学生类型，关系着微课的核心理念。微课教师需要根据会计学新课程的各个版本，统筹不同的课程、学科，进行整体课程的规划，做出分类。这样可让学生针对自己的知识薄弱点进行针对性的学习，大大提高学习的效率。

3. 采用分层式教学

由于学生的学习程度不同，个体差异也比较大，想要让每位学生都积极参与微课学习，就必须注意学生之间的差异性，考虑学生的学习能力。微课可以将会计学课程划分为简单、中等、困难三个等级，教师按照三个等级中学生不同的能力进行教学和考核，使每个学生都能找到适合自己的学习层次，获得学习的成就感，增强自信心，从而提高学习质量和水平。

4. 将微课和线下教学相结合

网络授课有教师无法监管课堂纪律、学生自主性差等缺点，如果学校只片面地认识到微课的优点而看不到它的缺点，是无法构建高质高效的会计学习环境的。教师需要整合微课和线下教学的优势，将会计学的重难点进行总结与分析，录制线下教学过程，为学生课后的课程复习提供必要的条件，以此来帮助学生提高学习能力。

5. 加强微课互动

微课的一大缺陷就是无法很好地进行师生间的互动，教师不能得到良好的教学反馈，学生也无法即时对教师提出的问题进行解答，学生的困难不能得到很好的解决。教师需要积极加强课堂上的互动，通过设置多种课堂活动，吸引学生的注意力，让学生与教师进行互动，从而营造一种和谐的课堂氛围，提升学生学习的积极性。

6. 拓宽微课共享渠道

网络上关于会计学的微课质量参差不齐，为了给会计学学生提供高质量的微课资源，教师需要从自身做起，学校要鼓励教师产出优质的微课资源，改善当下的网络教学环境。教师还可以将微课资源发布到不同的平台，让学生能够通过各种渠道查找到会计学微课。微课共享渠道的拓宽能够让许多教师加入微课教学中，充分发挥互联网的优势，让网络教学成为一个常见的教学方式。

7. 对教师开展相关培训

微课需要教师对信息技术进行了解和学习，学校可以邀请擅长微课教育的专家，开展相关的培训，提高教师制作微课的能力。教师在培训中可以与其他教师见面，拉近彼此之间的距离，互相沟通交流教学经验，这样和谐有效的交流能够让教师提炼有益的教学信息，提高教学的质量。

（五）微课教学过程中出现的问题

1. 部分学生学习自主性差

微课的运用能够有效提高学习者的课前预习效率，教师通过观察微课下载次数可以了解有多少学生使用微课预习。但微课在实际运用过程中还存在着某些不足，即学习者对微课资源利用率不高，经常出现下载之后没有充分利用起来的现象，因此，导致学习者在使用微课进行学习的道路上偏离了方向，甚至对课前预习形成不重视的态度。当然，如果在此时教师及时给予适当的提醒、警告，学习者的态度可能会有所改变，但需要强调的是，必须对其时刻提醒。除此之外，学习者进行微课预习的过程中还存在着一定的障碍，而这些障碍则主要体现在思维方式方面，即学生在学习过程中已经形成了"寻求教师帮助"的定向思维，因此运用科技手段来解决有关学习问题的思维难以形成。

2. 微课不能随时现看

当然，学习者在使用微课进行预习的过程中，还存在着时间和空间上的障碍。时间方面的障碍体现在学生运用微课进行学习的时间局限在空余时间，导致其在时间利用上过于死板。而空间方面的障碍则体现在学生仅在电脑上观看微课,导致学生将微课学习的地点牢牢锁定在了机房,而机房的开设时间又有一定的限制,这必然导致学习者缺乏使用微课进行学习的机会。但这些问题并不是毫无解决办法的,如学生可以利用在家学习的空余时间,将微课课堂引入家庭生活中。除此之外,学生还可以通过与其他教师进行积极的讨论来及时解决相关问题。

3. 小组合作不积极

在普遍情况下,采用小组合作的模式可以解决相关问题仍存在着一些不容乐观的情况。比如,仍有少部分的学习者缺乏学习的主动性、积极性,导致其不能跟上大多数人的步伐。除此之外,团队中还有相当一部分人由于性格的差异,即使已经对知识点有了准确的把握,仍然难以积极融入集体的共同话题中去。当然,并不能因为该不足是由学习者本体造成的,而对此类行为置之不理。对此,有关学者提出了具体的解决措施:进行小组成员的调整;重视学习成员的差异性、层次性;对此类学生重点培养。

第三节 翻转课堂在会计教学改革中的应用

一、翻转课堂的含义与特点

(一)翻转课堂的含义

互联网时代,学生通过互联网学习丰富的在线课程,不一定要在学校接受教师的教导。互联网尤其是移动互联网催生了"翻转课堂"教学模式。"翻转课堂"是对传统课堂教学结构与教学流程的彻底颠覆,由此将引发教师角色、课程模式、管理模式等一系列变革。翻转课堂也可译为"颠倒课堂",是指重新调整课堂内外的时间,将学习的决定权从教师转移到学生。在这种教学模式下,教师不再占用课堂的时间讲授信息,这些信息需要学生在课前通过自主学习获得,他们可以看视频讲座、阅读电子书,还能在网络上与其他同学讨论,可以随时随地查阅需要的材料,教师也能有更多的时间与每个人交流。在课后,学生自主规划学习内容、学习节奏和呈现知识的方式,教师则采用讲授法和协作法满足学生的需要和促成他们的个性化学习,其目标是让学生通过实践获得更真实的学习体验。翻转课堂模式与混合式学习、探究性学习在含义上有所重叠，都是为了让学习更加灵活、主动，让学生的参与性更强。

（二）翻转课堂的主要特点

利用视频实施教学，在多年以前人们就进行过探索。20 世纪 50 年代，世界上很多国家进行的广播电视教育就是明证。为什么当年做的探索没有对传统的教学模式带来多大的影响，而"翻转课堂"却备受关注呢？这是因为"翻转课堂"有如下几个鲜明的特点。

1. 教学视频短小精悍

无论是萨尔曼·可汗的数学辅导视频，还是乔纳森·伯尔曼和亚伦·萨姆斯做的化学学科教学视频，一个共同的特点就是短小精悍。大多数的视频都只有几分钟的时间，比较长的视频也只有十几分钟。每一个视频都针对一个特定的问题，有较强的针对性，查找起来也比较方便；视频的长度控制在学生注意力比较集中的时间范围内，符合学生身心发展特征；通过网络发布的视频，具有暂停、回放等多种功能，可以自我控制，有利于学生的自主学习。

2. 教学信息清晰明确

萨尔曼·可汗的教学视频有一个显著的特点，就是在视频中唯一能够看到的就是他的手，不断地书写一些数学的符号，并缓慢地填满整个屏幕。除此之外，就是配合书写进行讲解的画外音。用萨尔曼·可汗自己的话来说："这种方式，它似乎并不像我站在讲台上为你讲课，它让人感到贴心，就像我们同坐在一张桌子面前，一起学习，并把内容写在一张纸上。"这是"翻转课堂"的教学视频与传统的教学录像的不同之处。

3. 重新建构学习流程

通常情况下，学生的学习过程由两个阶段组成：第一阶段是"信息传递"，是通过教师和学生、学生和学生之间的互动实现的；第二个阶段是"吸收内化"，是在课后由学生自己完成的。由于缺少教师的支持和同伴的帮助，"吸收内化"阶段常常会让学生感到挫败，丧失学习的动机和成就感。"翻转课堂"对学生的学习过程进行了重构。"信息传递"是学生在课前进行的，教师不仅提供了视频，还可以提供在线的辅导；"吸收内化"是在课堂上通过互动完成的，教师能够提前了解学生的学习困难，在课堂上给予有效的辅导，同学之间的相互交流更有助于促进学生对知识的吸收内化。

二、翻转课堂与传统课堂的教育理念碰撞

（一）翻转课堂难以摆脱"应试教育"的枷锁

我们都知道，传统的会计教学模式已经不能适应当今教学改革的要求。教学改革要求学生学会自主预习、自主探究、自主总结，同时，养成良好的学习习惯和思维习惯；要在教师的指导下，具备自主探究的能力；要在具体的学习中形成实事求是的求知态度，认识到实践是检验科学真理的方法，拥有学好科学文化知识将来为祖国做贡献的崇高理想。然而，部分学校课堂情况依然是教师为主体，学生被动地接受课堂知识，教师不顾学生是否理解其中含义，只是单纯机械地灌输知识，忽略课堂中学生的主体地位。大学会计教学改革所要求的内容，很多不能体现在实际课堂教学中，许多教师仍然固守之前传统的教学思想和方式。

许多学生家长过分看重学生的考试成绩，忽视学生综合素质和能力的培养，于是各种会计考试成了教学的指挥棒。这种情况可能导致学校和教师不考虑学生的全方面发展和终身发展，一味追求会计资格证通过率，造成会计课堂教学仍以知识传授为重，教学模式死板，缺少创新，对于学生的作业只注重量不注重质，这就使学生的知识创新能力和自主探索能力得不到应有的提高。因此，改变这些传统的教学模式和思想迫在眉睫，否则，不仅是翻转课堂这种形式，任何创新型课堂形式都很难得到实施，教学改革的目的就难以达到。

（二）翻转课堂要求革除传统教育观念与会计教学方法上存在的弊端

由于受应试教育的影响，部分教师的教育观念、教学方法均存在弊端，这不仅不利于教师的专业能力的提升和长远发展，而且阻碍了学生全面、健康地发展。这些弊端主要表现在：

首先，教师把教学单纯地看作一种教育手段，教学只是传递知识的工具，这就有很大的局限性，忽略了对教育本质的追求，忽略了教育的目的。

其次，教师把"教"与"学"看得太过简单。"教"就是单纯地教给学生书本上规定的特定知识，单向地对信息进行传递；对于"学"的理解，也只是认为学生就是接受课堂所灌输知识的机器，接收到了就好，并不在乎学生有没有充分理解。

最后，传统的教学模式丝毫不在乎学生在课堂中的主体地位，限制了学生主观能动性的发挥，学生的课堂体验差，缺乏同学之间的沟通交流。这样，课堂教

学就受到了严重影响，教师往往把复杂的教育活动简化为"教书"，似乎把书本上的知识传授给学生就是教育的真谛。这种观念给这些教师带来一种错觉：教师的职责在于"教书"，教得越卖力，对教育事业越忠诚。

基于此，在相当多的学校中，依然流行着死记硬背的学习方法和机械灌输的教学方式，阻碍了学生人格的健全发展，使学生成了应试的机器。这样的教育已经与教育最初的目的相悖离。

翻转课堂这种新兴的教学模式，首先要求教师转变原来的教育观念；其次要求教师具有一定的信息技术素养，这样才能录制微课、编辑视频等，如果想要做得更好，还可以做专题网站、开通博客等。会计翻转课堂对教师的综合素质要求很高，教师要不断进行自我充实，要有足够的经验和气场把控和调节课堂的节奏和课程的进度，要有足够开阔的视野来引导学生探索更广阔的世界。

三、翻转课堂与传统课堂的对接

（一）学校作息时间安排问题

翻转课堂与传统课堂不同的是，其对于学生课后学习的时间要求比较多。因此，学校需要给学生留出更多的课后时间。翻转课堂要求教师给予学生充足的课余时间，使学生能有足够的时间自己安排学习。如果学校不要求上晚自习，教师要避免留过多的作业，而应留给学生更多的课后时间观看学习视频，进行更多针对性的练习。如果学校要求上晚自习，那么，教师在课堂中也不要布置过多的课上内容，而要留给学生更多的时间对翻转课堂的前期环节进行准备。

（二）学科的适用性问题

国外的翻转课堂目前大多应用于理科类课堂中。理科课程的特点有利于实施翻转课堂，因为理科课程大多只需强调一个固定的公式或者实验等，具有明确固定的知识点。那么，翻转课堂实施时就要灵活地针对不同的学科制定不同的策略，教授给学生知识，对课后学生的反馈要及时接收，推进教学改革。

（三）教学过程中信息技术的支持

信息技术作为推行翻转课堂的重要的手段和技术支持，它的重要性体现在方方面面。例如，教师制作课件需要信息技术支持；学生在家自主学习课件需要信息技术支持；构建互动化的学习环境等也离不开信息技术的支持。

学校在开展在线教育时受多方面因素的影响，其中影响较大的两个因素是宽带和网速。受这两个因素的影响，学校应配置高性能的服务器或者增加宽带接口，以更好地推动翻转课堂的实施。至于课后学生对于计算机硬件的需求，学校应该尽力提供相应的硬件设施支持，如学校机房的开放时间可以延长到课后，做到让学生在校园内随时可以进行网络学习。

学生在课后会观看教学视频，因此，其质量的好坏直接影响着学生的学习效果。教学视频的制作离不开专业技术人员的帮助和支持，不管是前期制作还是后期剪辑。另外，针对不同学科，教学视频也应采取相应的设计风格。如果学校要推行翻转课堂，那么，需要在技术上对授课教师给予支持帮助，从一开始制作视频就进行总结整理，形成一套完整的流程，方便日后的教学视频制作。

（四）对教师专业能力的挑战

教师的专业能力在翻转课堂的推行中有着很大影响。教师在课前需要准备教学视频，设计教学任务，还要对课堂教学时间进行调整，设计课堂小活动等，还要对学生答疑解惑，鼓励学生团结协作，这些都是对教师专业能力的巨大挑战。

因此，提升教师的专业能力有助于推进翻转课堂的实施。首先，是促进教师教育观念的转变和教学理论水平的提升，提高教师的教育专业研究能力，从而促使教师在教学中贯彻以学生为本的思想，充分了解每个学生的个性，并提供相应不同的指导。其次，是加强对教师信息技术素质的培训，通过这些信息技术素质的培训，还有相关人员的帮助，教师能够独立制作出活泼有趣的教学视频，并且能够用生动幽默的语言讲述出来。

同时，在网络教学平台中，教师需要对学生进行积极的引导，加强师生之间的交流互动。学生提出问题，教师答疑解惑，在这一过程中学生的积极性被充分调动起来。教师还需要根据不同学科来设计不同的课堂活动。

（五）对学生的自主学习能力和信息素养的要求提高

学生的自主学习能力，对于翻转课堂的实施也有很大的影响。比如，学生自主学习完教学内容以后，对课堂知识有了部分理解，可以完成一部分课前练习，遇到不会的问题可以通过互联网搜寻资料，并将这些问题总结出来，之后在实际课堂中请教师或者同学回答这些问题。这些对于学生的自主学习能力和信息素养有很高的要求，如果学生不具备这些能力，那么，他无法清楚自己在课前有哪些不懂的问题，并且对于自己的学习时间，无法做到合理的安排。具备了较强的自主学习能力，才能通过视频自主学习。因此，我们说学生的自主学习能力和信息素养对于翻转课堂能否顺利实施具有很大的影响。另外，学生对于教材是否做到充分理解，对于教学视频是否能自主观看，并且是否能够做到与同学之间的交流、合作等，都对课堂的实施有相当大的影响。

（六）教学评价方式的改变

传统纸质教学评价方式已经不能评价当今会计翻转课堂中学生的学习效果。翻转课堂对于学生的各项能力都有要求，如学生的合作能力、组织能力、表达能力等。因此，在翻转课堂中要想对学生的学习效果有一个全面的评价，就需要教师构建一个新的评价体系。在对学生的评价中，多对学生进行过程性和发展性的评价，注重对学生的情感、态度和价值观等方面的评价。当然，评价方式的改变需要学校在政策上的支持。

四、翻转课堂中教师角色转变

翻转课堂中教师的角色与之前相比也发生了变化。

之前，教师只是单向地将知识传递给学生而忽视了学生的主体地位，在如今的翻转课堂中，教师需要充分了解学生的学习需求和程度，尊重学生的主体地位，帮助学生自主地学习知识。当学生在自主学习过程中遇到不懂的问题时，教师需要及时进行答疑解惑。因此，在这种教学模式下，教师不再是高高站在讲台上的单向知识传递者，而是学生的辅导者。

传统的课堂教学，教师在课上教授知识后，给学生布置课后作业，让学生回家完成。这一过程中，教师就是知识的代表，学生通过教师的教授和传递获得知识。教师即使留给学生作业也只是为了巩固其在课上讲授的内容，教师的教这一步骤在教学中占据着首要位置。相对于传统课堂内听讲的过程，学生做作业的过程，是在教师指导下被动学习过程的延续，是为巩固课堂学习而采取的辅助性的教学活动。

而开创翻转课堂的亚伦和伯格曼，却看到了一种教育中独有的现象，那就是在教学过程中，学生并不是在课堂中最需要教师的帮助，而是在独立完成课后作业遇到困难的时候，最需要教师的帮助。他们发现的这一现象，大大颠覆了传统的教育观念。

五、国内外研究现状

（一）国外研究现状

1. 翻转课堂的创立与发展

马祖尔于 20 世纪 90 年代在哈佛大学最早创立了同侪互助教学方式，并开发了免费互动软件、学习网站供学生课后讨论应用和交流反馈，这成为翻转课堂的最初原型。拉赫、特瑞吉亚在美国迈阿密大学开设"经济学入门"课程时采用翻转教学模式，并着重介绍如何使用翻转课堂激活差异化教学。

2. 翻转课堂的优化与提升

罗伯特·塔尔伯特根据数学课程教学中的实践经验，从课前和课中两个环节总结了翻转课堂的实施过程：课前，学生首先观看教学视频，然后进行有导向性的作业练习；课中，学生首先快速完成少量的测验，然后通过解决问题来完成知识的内化，最后要进行总结和反馈。

（二）国内研究现状

1. 翻转课堂在会计教学改革方面的探索

翻转课堂教学模式在会计专业课程中得到广泛应用。齐励、覃勤、段雪冰等认为，克服项目导向教学法的缺陷，应从教学资源和教学平台两方面入手，将项目导向与翻转课堂相融合对基础会计课程进行改革，设置基础会计的教学项目和教学设计。路国平等基于 MOOC 平台下创新翻转课堂的教学做法，构建高级财务会计课程的翻转课堂教学新模式。刘芳从翻转课堂特色出发，对财务会计课堂时间、教学效果进行重新规划。

2. "互联网 +"下会计领域的改革与发展

网络技术引发的全球信息化浪潮冲击着会计行业的发展。"互联网 +"已在改造和影响会计行业，会计与互联网开始深入融合，涌现网络代理记账、在线财务管理咨询、云会计与云审计服务等第三方会计审计服务模式，基于互联网平台的联网管理、在线服务等模式成为会计管理新手段。互联网使会计数据处理面向智能化、信息化与实时化，不仅节约了大量的财务处理成本，而且提高了会计处理速度与效率。互联网给会计财务软件的开发运行、复合型人才建设等带来挑战。"互联网 +"推进会计服务水平升级，促使会计服务效率提高，促进会计服务平台建设，改善会计服务资源配置，实现全流程会计服务，优化会计服务企业布局，改变会计服务监管模式和催生会计教育新形式。

3. "互联网 +" 下会计教育的改革与创新

（1）人才培养目标的重新定位与调整

"互联网 +" 需要高校会计教育者及时把握 "互联网 +" 发展的脉搏，持续推进传统会计教育的理念创新、目标优化与模式变革，积极顺应本科会计教育时代发展趋势，大力培养 "互联网 + 会计" 的复合型人才。

（2）人才培养的方式不断创新

戴柏华认为 "互联网 +" 推进在线联机考试、远程培训教育等成为会计人才培养的重要方式。王慧指出，"互联网 +" 与大数据时代的高校会计专业人才培养要以校企协同创新为切入点，充分利用信息技术建立 "互联网 +" 新媒体学习方式，实现虚拟数字化学习与现实课堂的有机结合。应益华认为，互联网时代扩大了会计研究的边界，使会计呈现多元化趋势，高校需要重新评估现有的会计教育体系，从教育理念、课程体系、"双师型" 教师的培养等方面进行会计人才培养的探索。

六、翻转课堂的主要任务

根据当前我国课程教学评价的要求以及学生学习的实际需要，翻转后的课堂内，教师个性化指导的活动，主要有以下几种类型。

（一）巩固强化

当前教育的主要任务就是使学生接受、理解知识。学生在课前通过教学视频预习课上要学习的知识。如果学生在这一预习过程中有不理解的知识点和内容，那么，教师在翻转课堂中的首要任务就是讲解学生不理解的知识点和内容，并对知识点进行巩固和强化。

目前很多学校巩固知识的方式仍然是在课前给学生发放导学案或者预习资料。预习资料上明确规定了课堂目标、课堂重点知识点，还有根据课堂内容制定的课后题等。学生按照预习资料上规定的内容观看教学视频，在对课堂内容有了了解之后，完成预习资料上留的课后题，包括选择题和批判性思考题。教师通过学生课后题的完成情况，可以更好地了解学生对课堂内容的理解情况，从而对课堂时间进行调整。在课前了解学生的学习情况在以前很难做到，然而，在如今的大数据时代已经变得不难完成。

（二）系统梳理

学生在观看教学视频后，获得的只是较为零散的知识点，因此还需要教师在课堂上对学生掌握的知识点进行总结梳理，使学生对于知识有一个系统的理解，帮助学生更好地消化、理解所学内容。

特别是在学习完一整个单元的内容后，更需要教师对学生学过的内容进行梳理，这对于学生系统化地学习知识很重要。学生对所学内容有了系统的把握后，明白了重点知识点在哪里，并且能够找到各知识点之间存在的联系，这对于学生整体把握知识脉络、构建系统的知识体系有很大的帮助。

（三）拓展加深

有的学生整体水平相较其他学生可能更高一些，这就需要教师再额外针对这些学生准备一些更有深度的问题和学习内容。国外也有这样的实践例子，将这些水平较高的学生集中起来，分到同一个小组或者同一个班级，进行统一有针对性的授课，满足其进一步探索的欲望，这也是翻转课堂推行的一种"实时走班"或者"及时分组"的教学形式。

（四）探究创新

在当今社会，探究创新意识似乎被提到的次数越来越多，因此，学生要培养自身的探究创新意识。然而，探究创新意识的培养是一个漫长的过程，需要大量的探究时间。这对于传统的会计课堂来说是很难做到的，因为在传统课堂中，大部分时间都交给了教师来教授课程，其余时间用于学生巩固练习，可以用来探究的时间已经很少。只有偶尔在公开课上，或许会有一点时间留给学生进行探究活动，平时的机会则少之又少。

而在会计的翻转课堂中，学生则有更多更充分的时间进行探究活动。因为事先对课堂内容进行了学习，有了初步了解，所以在课上，学生可以针对特定的问题，小组间或者同伴间讨论解决，这些都属于探究创新活动。

七、"互联网 +"下金融会计翻转课堂的教学设计

（一）金融会计翻转课堂教学模式的设想

翻转课堂作为近年来新兴的教学理念和方法，是对传统课堂进行的教学范

式革命，颠倒了原来的课堂样态和中心主体。过去的传统教学模式强调"以教师为中心"，教师在课堂内单向讲授，学生在课堂上被动接受，课后自行练习消化。而当前提倡的翻转课堂则转变过去的教学思维和设计理念，强调"以学生为中心"，教师仅作为指导者和辅助者，学生成为学习的主体，课前自主超前学习，课堂上在教师的引导下内化知识，课后消化提升。

"互联网+"、云会计、大数据等现代技术为金融会计翻转课堂的应用插上了腾飞的翅膀。依托信息化技术和网络技术，教学领域的改革快速发展，海量数据、移动课堂、深度分析反馈等正逐步融入现代化教学之中，充分利用"互联网+"的各种资源为教育和教学服务，完善教学模式和教学过程，可有效提升教学效果。图 5-3 为"互联网+"下金融会计翻转课堂的设计。

图 5-3 "互联网+"下金融会计翻转课堂的设计

（二）金融会计翻转课堂教学的形式与策略

1. 动态式课程设置与改革

（1）紧跟金融业发展最新动态与需求

在金融会计的课程设置与改革中，要深入研究金融行业发展的新情况、新形势，了解当前社会对金融会计人才的知识、能力、素质要求；同时，综合金融行业、金融学科、会计学科发展的新需求，以需求为导向进行课程的新设置与动态改革。

（2）与人才培养方案改革结合，增加金融理论与实务

与会计人才培养方案改革配合，增加一定的金融学科基础课程和实务培训，不断追踪金融前沿领域，将金融行业发展的新知识、新成果和云会计、大数据等新技术引入教学内容，实现会计学科的最新发展与国内外金融业发展动态紧密结合。

（3）更新选用最新的教材与案例

鉴于金融改革和会计改革都呈现加快调整的趋势，金融会计教学中应积极引进国内外流行、不断再版更新的高质量教科书，不仅要开阔学生视野，优化其知识结构，还要提高其职业竞争力。

2. 开放式课程设计与教学

（1）教学内容更加开放

增强学生的参与性和教学内容的生动性，将教师第一课堂的单边授课调整为引导学生参与，而且是广泛地互动参与。如现金内容可增加假币识别方法，支付结算部分可增加票据案例与识别方法，中间业务可增加分角色分小组业务核算，提高学生的互动参与性。

（2）教学主体更加开放

通过开展产教融合、校企合作等模式，邀请金融行业的财务到学校以短期授课、专题讲座等形式，给学生传授新时期金融会计知识、实务方法等。

（3）教学模式更加多样

为激发学生的兴趣和探究热情，创设金融会计的相关问题情境，引导学生了解金融知识，启发学生自主探究金融会计制度与方法；设计互动开放的教学模式，如问题式教学、情境式教学、发现式教学、讨论式教学、案例合作教学等，开放式鼓励学生质疑与批判，培养学生的职业创新思维和创新能力。

3. 互动式课程评价与反馈

（1）提高学生学习情况的综合反馈效率

"互联网+"的大数据平台能可视化统计呈现许多教学数据，如教学资源的点击次数、资源种类的访问量、师生交互情况、学生的问题反馈等，教师根据学生的学习需求和反馈，后期不断解决课程教学中产生的问题，进一步完善教学资源库，采用更加符合学生需求的教学形式，调整教学方案和教学内容，以达到最佳的教学效果。

（2）提高教师教学质量评价与反馈效率

教学质量评价是高校教育教学管理中不可缺少的重要内容，通过以"互联网+"为平台的大数据管理分析，可大幅提高学校管理质量、教学质量和办学效益等方面评价的效率。高校应从全面反映教师的教学效果和学生的学习效果的角度出发，围绕专业核心课程，依托"互联网+"进行改革设计，以试点课程数据分析为客观基础，展开课程讨论、课程评价和课程改革。

参 考 文 献

［1］ 魏海. "互联网 +"环境下会计控制的现状及应对策略 [J]. 中国集体经济,
2021（32）：143–144.

［2］ 王玮,郑冰婵,王琳. "互联网 +"条件下高校管理会计信息化的创新与共享探索 [J]. 纳税, 2021, 15（29）：165–166.

［3］ 李岩,李晓明. 大数据应用对会计专业教学影响研究 [J]. 中国乡镇企业会计, 2021（10）：166–167.

［4］ 王永珍. 对会计专业实践教学的思考 [J]. 中国乡镇企业会计, 2021（10）：172–173.

［5］ 张崇艳. 新时期高校会计教学转型的创新研究 [J]. 老字号品牌营销, 2021（10）：159–160.

［6］ 刘胜春. "互联网 +"时代会计电算化职业教育探讨 [J]. 科技风,2021（28）：108–110.

［7］ 刘丽红. 翻转课堂在职业院校会计教学中的应用 [J]. 黑龙江科学, 2021, 12（19）：120–121.

［8］ 赵永佳. 案例教学法在高校基础会计教学中的应用方法探析 [J]. 财会学习, 2021（28）：163–165.

［9］ 张一平. 信息化背景下会计专业教学改革新思路 [J]. 中国管理信息化, 2021, 24（19）：191–192.

［10］ 姜莹. 关于课程思政的会计专业课程教学改革研究 [J]. 财富时代, 2021（9）：29–30.

［11］ 李巧云. 信息化背景下会计专业工学结合模式创新研究 [J]. 太原城市职业技术学院学报, 2021（9）：91–93.

［12］ 兰亚丽. 基于信息化技术的基础会计教学实践 [J]. 电子技术,2021,50（9）：174–175.

［13］ 李艳. "互联网 +"时代高校应用型会计人才培养模式研究 [J]. 农场经济

管理，2021（9）：37-39.

［14］周雯珺. "互联网+"对高校财会类课程混合教学的影响研究［J］. 石家庄铁路职业技术学院学报，2021，20（3）：96-97.

［15］徐波，丁和平，龚家凤. "互联网+"时代下高校会计教学改革的策略［J］. 中国乡镇企业会计，2021（9）：178-179.

［16］李雯. 互联网时代管理会计信息化发展路径［J］. 商业文化，2021（25）：56-57.

［17］王岩. 应用型人才培养定位下高校会计教学模式构建思路探索［J］. 科技视界，2021（25）：7-8.

［18］陈晓梅，吴迪. 互联网趋势下企业会计新技术应用与人才培养创新［J］. 商场现代化，2021（16）：149-152.

［19］顾云松. 会计专业混合式教学模式学习效果评价探析［J］. 西部学刊，2021（16）：114-116.

［20］蒙宇婕. 互联网背景下的会计专业教学改革研究［J］. 投资与合作，2021（8）：161-162.

［21］贾晋黔. 创新人才培养模式下的高职会计教学改革［J］. 行政事业资产与财务，2021（16）：123-124.

［22］张木子，陈欣欣. "互联网+"背景下高职院校会计创新创业人才培养研究［J］. 就业与保障，2021（15）：100-101.

［23］王丹. "互联网+"背景下高职会计人才培养问题研究［J］. 中国管理信息化，2021，24（16）：225-226.

［24］狄艳. "互联网+"时代下高校会计教学改革的研究［J］. 营销界，2021（34）：82-83.

［25］丛睿钰. 关于高校会计专业实践能力培养研究［J］. 质量与市场，2021（15）：43-45.

［26］包小萍. ERP沙盘模拟下的高校会计实践教学改革研究［J］. 财会学习，2021（22）：168-170.

［27］王凌娴. 会计教学中职业素养培养的实践探析［J］. 中国管理信息化，2021，24（15）：236-237.

［28］李相美. 会计教育与创新创业教育的融合思考［J］. 湖北开放职业学院学报，2021，34（14）：5-6.

［29］曲书婷. 高职院校管理会计教学中存在的问题与建议 [J]. 现代商贸工业，2021，42（23）：167-168.

［30］徐姚. 大数据时代背景下高职会计专业课堂教学改革 [J]. 中国多媒体与网络教学学报（中旬刊），2021（7）：112-114.

［31］张天舒，俞冬生. 基于全面质量管理的管理会计教学改革研究 [J]. 中国乡镇企业会计，2021（7）：182-184.

［32］范玥. 大数据时代下高校会计教育的改革与实践 [J]. 营销界，2021（28）：179-180.